White Paper Series | Coleção Livros Brancos

THE PORTUGUESE LANGUAGE IN THE DIGITAL AGE

A LÍNGUA PORTUGUESA NA ERA DIGITAL

António Branco Universidade de Lisboa
Amália Mendes CLUL, Universidade de Lisboa
Sílvia Pereira Universidade de Lisboa
Paulo Henriques CLUL, Universidade de Lisboa
Thomas Pellegrini INESC-ID
Hugo Meinedo INESC-ID
Isabel Trancoso INESC-ID, IST
Paulo Quaresma Universidade de Évora
Vera Lúcia Strube de Lima PUCRS
Fernanda Bacelar CLUL, Universidade de Lisboa

Georg Rehm, Hans Uszkoreit
(organizadores, editors)

Editors
Georg Rehm
DFKI
Alt-Moabit 91c
Berlin 10559
Germany
e-mail: georg.rehm@dfki.de

Hans Uszkoreit
DFKI
Alt-Moabit 91c
Berlin 10559
Germany
e-mail: hans.uszkoreit@dfki.de

ISSN 2194-1416 ISSN 2194-1424 (electronic)
ISBN 978-3-642-29592-8 ISBN 978-3-642-29593-5 (eBook)
DOI 10.1007/978-3-642-29593-5
Springer Heidelberg New York Dordrecht London

Library of Congress Control Number: 2012939476

Printed on acid-free paper

Springer is part of Springer Science+Business Media (www.springer.com)

PREFÁCIO PREFACE

Este Livro Branco, sobre a língua portuguesa na era digital, faz parte de uma coleção que promove o conhecimento sobre a tecnologia da linguagem e o seu potencial. É dirigido a um público o mais vasto possível, não especializado nestas matérias, incluindo comunidades linguísticas, jornalistas, políticos ou docentes, entre muitos outros.

Este livro procura disponibilizar uma análise do estado de desenvolvimento da tecnologia da linguagem para a língua portuguesa, assim como das perspectivas que se oferecem, e das ações necessárias, para a consolidação do português como língua de comunicação internacional com projeção global, no quadro desta tecnologia emergente.

Esta coleção de Livros Brancos foi organizada pela META-NET, uma Rede de Excelência parcialmente financiada pela Comissão Europeia, que levou a cabo uma análise dos recursos e tecnologias da linguagem atualmente disponíveis. A análise abordou as 23 línguas oficiais europeias assim como outras línguas importantes na Europa a nível nacional e regional.

Em Novembro de 2011, a rede META-NET integrava 54 centros de investigação de 33 países europeus (p. 81). Esta rede está a colaborar com atores do setor da economia, agências governamentais, instituições de investigação, organizações não governamentais, comunidades linguísticas e universidades. Em conjunto com todos estes atores, a META-NET procura estimular uma agenda de investigação estratégica partilhada para uma Europa e para um mundo multilingue.

This white paper about the Portuguese language in the digital age is part of a series that promotes knowledge about language technology and its potential. It addresses a wider non expert audience, in general, including language communities, journalists, politicians or educators, among many others.

This book seeks to make available an assessment of the state of development of language technology for Portuguese, and reports on the prospects, and necessary actions, for the consolidation of Portuguese as a language for international communication with global projection, in the scope of this emerging technology.

The present White Paper series was organized by META-NET, a Network of Excellence partially funded by the European Commission, which has conducted an analysis of current language resources and technology. The analysis focused on the 23 official European languages as well as other important national and regional languages in Europe.

As of November 2011, META-NET consists of 54 research centres from 33 European countries (p. 81). It is working with stakeholders from economy, government agencies, research organisations, non governmental organisations, language communities and universities. Together with all these actors, META-NET seeks to foster a shared strategic research agenda for a multilingual Europe and a multilingual world.

META-NET – office@meta-net.eu – http://www.meta-net.eu

Os autores deste documento agradecem aos autores do Livro Branco sobre o alemão por permitirem a utilização de partes seleccionadas do seu texto original [1].

A realização deste Livro Branco foi financiada pelo 7° Programa-Quadro e pelo Programa de Apoio à Política das TIC (ICT PSP) da Comunidade Europeia no âmbito dos contratos T4ME (Acordo de Financiamento 249119), CESAR (Acordo de Financiamento 271022), METANET4U (Acordo de Financiamento 270893) e META-NORD (Acordo de Financiamento 270899).

The authors of this document are grateful to the authors of the White Paper on German for permission to re-use selected language-independent materials from their document [1].

The development of this White Paper has been funded by the Seventh Framework Programme and the ICT Policy Support Programme of the European Commission under the contracts T4ME (Grant Agreement 249119), CESAR (Grant Agreement 271022), METANET4U (Grant Agreement 270893) and META-NORD (Grant Agreement 270899).

ÍNDICE CONTENTS

A LÍNGUA PORTUGUESA NA ERA DIGITAL

THE PORTUGUESE LANGUAGE IN THE DIGITAL AGE

1

SUMÁRIO EXECUTIVO

A linguagem humana é uma porta para o mundo que nos rodeia. É usando a linguagem no dia a dia que comunicamos, aprendemos, trocamos informação, planeamos o nosso futuro, nos coordenamos uns com os outros para melhor agirmos em conjunto, efabulamos ou nos comprazemos com a leitura de uma história ou de um poema.

Porém, na era digital e num mundo globalizado, a linguagem humana é também uma das maiores barreiras comunicacionais com que nos deparamos. As novas tecnologias da informação e da comunicação colocam ao nosso alcance pessoas de todo o mundo com quem será possível interagir, assim como um acervo ilimitado de informação a que será possível aceder. No entanto, para cada um de nós, este novo universo, na sua quase totalidade, continua inacessível e fechado, encerrado nas fronteiras invísiveis das línguas que o dividem.

A Europa será talvez um caso paradigmático do impacto resultante das barreiras linguísticas. Durante os últimos 60 anos, tornou-se numa estrutura política e económica com identidade própria. Tem um imenso património quer do ponto de vista da diversidade cultural quer do ponto de vista da diversidade linguística. Contudo, da língua portuguesa à polaca ou da italiana à islandesa, os cidadãos europeus são confrontados com a dificuldade de comunicar entre si em diferentes línguas, tanto no dia a dia, como na esfera dos negócios ou da política. As instituições da União Europeia, por sua vez, gastam anualmente cerca de mil milhões de euros na manutenção da sua política de multilinguismo, ou seja, na tradução de textos e na interpretação de comunicações orais.

O multilinguismo constitui sem dúvida um dos mais preciosos patrimónios da humanidade. Um mundo digital em que um único idioma viesse a assumir uma posição dominante, e viesse a substituir todos os outros, implicaria perdermos essa imensa riqueza imaterial que faz do mundo, em geral, e da Europa, em particular, um espaço único de encontro de culturas e diferenças.

É porém um fato, que não há vantagem em ignorar, que a diversidade linguística dificulta a comunicação do dia a dia. Apresenta-se como um obstáculo intransponível para os cidadãos, dificulta o debate político e atrasa o progresso económico e científico.

A tecnologia da linguagem e a investigação científica sobre as línguas naturais podem dar um contributo decisivo para se ultrapassarem estas barreiras linguísticas. No futuro, quando combinada com dispositivos e aplicações inteligentes, a tecnologia da linguagem ajudará falantes de diferentes línguas a comunicar naturalmente entre si. Preservando o multilinguismo, permitirá derrubar as fronteiras linguísticas que bloqueiam o acesso ao conhecimento, ajudando assim a concretizar todo o potencial da sociedade da informação.

Para atingir este objetivo, e preservar a diversidade cultural e linguística da Europa e do mundo, é necessário, antes de mais, fazer uma análise sistemática das particularidades linguísticas das diferentes línguas e do estado atual das tecnologias de apoio criadas para as mesmas. Essa é a finalidade do presente livro, no que diz respeito à língua portuguesa.

As ferramentas e aplicações para a tecnologia da linguagem e o processamento da fala atualmente existentes no mercado – dos sistemas de resposta a perguntas às interfaces em linguagem natural, incluindo as gramáticas computacionais ou as ferramentas de sumarização, entre muitas outras –, ainda estão porém muito distantes deste objetivo ambicioso. Isto aplica-se com particular acuidade à tradução automática, uma tecnologia especialmente relevante para a sustentabilidade do multilinguismo na era digital. Desde o final dos anos 70 que a União Europeia percebeu a extrema importância da tecnologia da linguagem como forma de contribuir para a unidade europeia e começou a financiar os primeiros projetos de investigação, como foi o caso do programa de tradução automática EUROTRA. Pela mesma altura, foram lançados projetos nacionais que produziram resultados assinaláveis mas que não conduziram a uma ação europeia concertada. Em contraste com este esforço de financiamento altamente seletivo, outras sociedades multilingues, como a Índia (22 línguas oficiais) ou a África do Sul (11 línguas oficiais), criaram recentemente programas nacionais de longo prazo para a investigação sobre a linguagem humana e o respetivo desenvolvimento tecnológico.

Nesta área, os atores dominantes são sobretudo empresas privadas, com fins lucrativos, sediadas na América do Norte. Estas empresas recorrem a abordagens estatísticas imprecisas que não utilizam métodos e conhecimentos linguísticos mais profundos. Por exemplo, as frases são automaticamente traduzidas através da comparação de uma nova frase com milhares de frases anteriormente traduzidas por seres humanos. Assim, a qualidade do resultado depende em grande medida da quantidade e da qualidade do corpus que serve de amostra. Embora a tradução automática de frases simples em línguas com uma quantidade suficiente de textos disponíveis possa alcançar resultados úteis, estes métodos estatísticos superficiais estão condenados ao fracasso no caso das línguas com um conjunto de material de amostra muito menor ou, sobretudo, no caso de frases com estruturas um pouco mais complexas.

Este livro fornece uma análise pormenorizada desta e de outras aplicações e soluções potenciadas pela tecnologia da linguagem. Como seria de esperar, e é revelado de forma circunstanciada nos volumes desta coleção de Livros Brancos, há diferenças dramáticas entre os vários países e as suas línguas no que diz respeito às soluções disponíveis e ao estado da investigação na área da ciência e tecnologia da linguagem.

O português é a quinta língua com maior número de falantes no mundo, com cerca de 220 milhões de falantes em quatro continentes – África, América, Ásia e Europa. Das línguas europeias, é a terceira língua com maior número de falantes no mundo. Face aos desafios colocados pela sociedade da informação num mundo globalizado, verifica-se a necessidade premente de se concentrarem mais esforços quer na criação de recursos linguísticos quer na investigação e desenvolvimento de ferramentas e aplicações para o processamento computacional do português.

O presente volume oferece uma exposição pormenorizada dos desafios, oportunidades e necessidades para o português na era digital. Uma das principais conclusões que resulta da análise feita neste livro é a de que o desenvolvimento de tecnologia da linguagem para a língua portuguesa é urgente e de importância fundamental para a consolidação do português como uma língua de comunicação internacional com projeção global.

2

LÍNGUAS EM RISCO: UM DESAFIO PARA A TECNOLOGIA DA LINGUAGEM

Somos testemunhas de uma revolução digital que está a ter um impacto radical na forma de comunicarmos e na sociedade em que vivemos. Os recentes desenvolvimentos nas áreas das Tecnologias da Informação e da Comunicação são por vezes comparados com a invenção da imprensa por Gutenberg.

O que pode esta analogia dizer-nos sobre o futuro da sociedade de informação europeia e sobre as nossas línguas em particular?

Na sequência da invenção da imprensa por Gutenberg, os avanços na comunicação e na partilha de conhecimentos foram concretizados através de inúmeras realizações, das quais a tradução da Bíblia do Latim para as línguas vernáculas da Europa é apenas um dos aspetos mais reconhecidos. Nos séculos seguintes, foram desenvolvidas novas técnicas para melhor lidar com o processamento da linguagem e a partilha de conhecimento:

- a padronização ortográfica e gramatical das principais línguas permitiu a rápida divulgação de novas perspetivas científicas e intelectuais;
- o desenvolvimento das línguas oficiais tornou possível aos cidadãos comunicarem dentro de certas fronteiras (muitas vezes políticas);
- o ensino e a tradução de línguas permitiram uma partilha de conhecimento entre línguas;
- a criação de diretrizes editoriais e bibliográficas garantiu a qualidade e a disponibilidade do material impresso;
- o surgimento de diferentes meios de comunicação, como jornais, rádio, televisão, livros e outros suportes e formatos, veio dar resposta às diferentes necessidades de comunicação.

Estamos a testemunhar uma revolução digital com um impacto que tem sido comparado com invenção da imprensa por Gutenberg.

De forma análoga, nos últimos vinte anos, as Tecnologias da Informação e da Comunicação vieram ajudar ainda mais a automatizar e a facilitar o processamento da linguagem e a comunicação:

- as aplicações para edição de texto (*desktop publishing software*) substituem a datilografia e a composição tipográfica;
- as projeções de transparências são substituídas por apresentações em Powerpoint;
- o correio eletrónico permite receber e enviar documentos de forma mais rápida que o fax;
- o Skype permite realizar chamadas de telefone gratuitas ou a preços reduzidos pela internet, assim como videoconferências;
- os formatos de codificação de áudio e vídeo facilitam a troca de conteúdos multimédia;
- os motores de busca permitem aceder a informação com base em palavras-chave;

- os serviços de tradução online, como o Google Translate, produzem traduções rápidas ainda que apenas aproximadas;
- as plataformas de redes sociais como o Facebook, o Twitter ou o Google+ facilitam a comunicação, a colaboração e a partilha de informação.

Apesar de estas ferramentas e aplicações serem úteis, ainda não são capazes de apoiar, de forma sustentada, uma sociedade europeia multilingue para todos, onde a informação e os bens possam circular livremente.

2.1 FRONTEIRAS LINGUÍSTICAS ENTRAVAM A SOCIEDADE DE INFORMAÇÃO EUROPEIA

Não podemos saber exatamente como será o futuro da sociedade de informação. Há porém uma forte probabilidade de que a revolução nas tecnologias da comunicação venha a aproximar, de forma inovadora, pessoas que falam diferentes línguas. Esta situação vai pressionar toda a gente a aprender novas línguas e pressiona sobretudo os criadores de software a desenvolverem novas aplicações que permitam a inter-compreensão entre falantes de diferentes idiomas e o acesso a conhecimento partilhado. Este espaço económico e de informação global envolve a interação entre línguas, falantes e conteúdos no âmbito de novos meios de comunicação. A recente popularidade das redes sociais (Wikipédia, Facebook, Twitter, YouTube e, mais recentemente, o Google+) é apenas a ponta visível de um iceberg.

A economia e o espaço de informação globais colocam-nos perante mais línguas, falantes e conteúdos.

Hoje, podemos transmitir gigabytes de texto para todo o mundo em poucos segundos antes ainda de nos conseguirmos aperceber de que o conteúdo está redigido numa língua que não entendemos. De acordo com um recente relatório da Comissão Europeia, 57% dos utilizadores da internet compram bens e serviços em línguas que não a sua (o inglês é a língua estrangeira mais usada, seguido pelo francês, alemão e espanhol). Por sua vez, 55% dos utilizadores leem conteúdos numa língua estrangeira, enquanto apenas 35% utilizam outra língua para escrever mensagens de correio eletrónico ou colocar comentários na internet [2].

Há alguns anos atrás, o inglês era a língua franca na internet – a maior parte dos conteúdos estavam de facto em inglês – mas agora a situação mudou radicalmente. A quantidade de conteúdos online noutras línguas europeias (assim como em línguas asiáticas e do Próximo Oriente) aumentou exponencialmente.

Surpreendentemente, esta divisão digital criada pelas fronteiras linguísticas não recebe muita atenção pública. Ainda assim, levanta uma questão premente:

Que línguas europeias vão prosperar na informação em rede e na sociedade do conhecimento, e quais estão condenadas a desaparecer?

2.2 AS NOSSAS LÍNGUAS EM RISCO

Embora a imprensa escrita tenha ajudado a intensificar a troca de informação na Europa, também levou à extinção de muitas línguas europeias. Línguas regionais e minoritárias raramente foram impressas, como o Cornish e o Dálmata, e foram reduzidas a formas orais de transmissão, o que limitou o seu uso.

No futuro, terá a internet o mesmo impacto nas nossas línguas?

As cerca de 80 línguas da Europa são um dos mais ricos e importantes patrimónios culturais e uma parte vital do seu modelo social, que é único [3]. Enquanto línguas como o inglês e o espanhol sobreviverão no mercado digital emergente, muitas línguas europeias poderão tornar-se irrelevantes numa sociedade ligada em rede. Isso enfraqueceria a posição global da Europa e iria contra o objetivo estratégico da participação de todos os cidadãos europeus em igualdade de circunstâncias, independentemente da sua língua.

A grande variedade de línguas na Europa é um dos seus patrimónios culturais mais ricos e importantes.

De acordo com um relatório da UNESCO sobre multilinguismo, as línguas são um meio essencial para o exercício dos direitos fundamentais, como a expressão política, a educação e a participação social [4].

2.3 A TECNOLOGIA DA LINGUAGEM É UMA TECNOLOGIA FACILITADORA

No passado, os esforços de investimento para a preservação das línguas concentraram-se no ensino e na tradução. De acordo com uma estimativa, o mercado europeu de tradução, interpretação, localização de software e preparação de websites para o mercado global foi de 8,4 mil milhões de euros em 2008 e deverá crescer 10% por ano [5]. No entanto, este número abrange apenas uma pequena parte das necessidades atuais e futuras da comunicação entre línguas.

A solução mais viável para garantir uma utilização ampla e continuada das várias línguas na Europa do futuro encontra-se no recurso a tecnologia apropriada, tal como recorremos a tecnologia apropriada para dar resposta às nossas necessidades, por exemplo, nas áreas da energia e dos transportes, ou para apoiar cidadãos com necessidades especiais, entre tantos outros casos.

A tecnologia da linguagem, dirigida a todas as formas de texto escrito e discurso falado, ajuda as pessoas a colaborar, a concretizar negócios, a partilhar conhecimentos e a participar em debates sociais e políticos, independentemente das barreiras linguísticas e das aptidões informáticas de cada um.

A tecnologia da linguagem funciona muitas vezes "nos bastidores", de forma invisível dentro de sistemas de software complexos, ajudando-nos já hoje em dia em tarefas como:

- encontrar informação com um motor de busca;
- verificar a ortografia e a gramática com um processador de texto;
- ver as recomendações para um produto numa loja online;
- seguir as indicações verbais de um sistema de navegação;
- traduzir páginas web com um serviço online.

A tecnologia da linguagem consiste num conjunto de aplicações nucleares que permitem uma série de procedimentos embebidos em sistemas mais amplos. Um dos objetivos desta coleção de Livros Brancos da META-NET é o de perceber o nível de desenvolvimento desta tecnologia para cada uma das línguas europeias.

A Europa precisa de tecnologia da linguagem robusta e económica para todas as línguas europeias.

Para manter a sua posição na linha da frente da inovação mundial, a Europa necessitará de tecnologia da linguagem que esteja adaptada a todas as línguas europeias e que seja igualmente robusta e económica, e bem integrada em ambientes de software-chave.

Sem tecnologia da linguagem suficientemente desenvolvida, não nos será possível alcançar uma experiência efetivamente interativa, multimédia e multilingue num futuro próximo.

2.4 OPORTUNIDADES PARA A TECNOLOGIA DA LINGUAGEM

O desenvolvimento da imprensa, com a duplicação rápida de uma imagem de texto, constituiu um avanço tecnológico fundamental. Mas os seres humanos continuam ainda a ter de fazer o trabalho árduo de buscar, apreciar, traduzir e resumir a informação.

A tecnologia da linguagem pode agora simplificar e automatizar muitos dos processos de tradução, produção de conteúdos e gestão de conhecimentos. Permite igualmente desenvolver interfaces de voz para eletrodomésticos, máquinas, veículos, computadores e robôs. As aplicações industriais e comerciais ainda estão num estádio inicial de desenvolvimento, mas os resultados em Investigação e Desenvolvimento estão a criar uma janela de oportunidade genuína. Por exemplo, a tradução automática já é razoavelmente precisa em certos domínios específicos e algumas aplicações experimentais já asseguram informação multilingue e gestão do conhecimento, assim como a possibilidade de produzir conteúdos, em várias línguas europeias.

Tal como a maioria das tecnologias, as primeiras aplicações para a linguagem humana, como as interfaces com o utilizador baseadas na voz ou os sistemas de diálogo, foram desenvolvidas para domínios altamente especializados, e em regra apresentam limitações de desempenho. Contudo, existem imensas oportunidades de mercado nas indústrias da educação e do entretenimento para a integração da tecnologia da linguagem em jogos, pacotes de jogos educativos, bibliotecas, ambientes de simulação ou programas de formação. Os serviços de informação móveis, os programas de aprendizagem de uma língua assistida por computador, os ambientes de e-learning, as ferramentas de autoavaliação e os programas de deteção de plágio são apenas alguns dos exemplos onde esta tecnologia pode desempenhar um papel importante. A popularidade das redes sociais, como o Twitter e o Facebook, sugerem uma maior necessidade de sofisticação da tecnologia da linguagem para se poder monitorizar mensagens, resumir discussões, sugerir tendências de opinião, detetar respostas emocionais, identificar infrações aos direitos de autor ou encontrar usos indevidos.

A tecnologia da linguagem ajuda a superar os obstáculos colocados pela diversidade linguística.

A tecnologia da linguagem representa uma enorme oportunidade para a União Europeia. Pode ajudar a resolver a complexa questão do multilinguismo na Europa, nomeadamente ajudando a que diferentes línguas coexistam naturalmente nos negócios, nas organizações e nas escolas. Os cidadãos têm a necessidade de comunicar para além destas fronteiras linguísticas que cruzam o Mercado Comum Europeu e a tecnologia da linguagem pode assim ajudar a superar os obstáculos que ainda existem, permitindo o uso livre e ilimitado do idioma de cada um.

Pensando a longo prazo, a tecnologia da linguagem multilingue europeia poderá ser inclusive uma referência inovadora para os nossos parceiros globais e as suas comunidades multilingues.

A tecnologia da linguagem pode ser vista como uma forma de "tecnologia de apoio" que ajuda a ultrapassar os obstáculos da diversidade linguística e tornar as comunidades linguísticas mais acessíveis umas às outras.

2.5 DESAFIOS PARA A TECNOLOGIA DA LINGUAGEM

Apesar do progresso assinalável na área da tecnologia da linguagem nos últimos anos, o atual ritmo de progresso tecnológico e de inovação em termos de produtos é demasiado lento. As tecnologias com maior utilização, como os corretores ortográficos e gramaticais em processadores de texto, são normalmente monolingues e estão disponíveis apenas para um pequeno número de idiomas. Os serviços de tradução automática online, apesar de serem úteis para gerar rapidamente uma aproximação razoável ao conteúdo de um documento, veem-se enredados em imensa dificuldade quando lhe são pedidas traduções mais precisas e completas.

O ritmo atual do progresso da tecnologia da linguagem é demasiado lento.

Devido à complexidade da linguagem humana, providenciar a modelação computacional dos nossos idiomas e testá-la no mundo real é um processo longo e oneroso, que exige compromissos de financiamento sustentados. A Europa tem, por isso, de manter o seu papel pioneiro de lidar com os desafios tecnológicos colocados por uma comunidade multilingue, inventando novos métodos para acelerar o desenvolvimento de forma pervasiva.

2.6 AQUISIÇÃO DA LINGUAGEM POR SERES HUMANOS E POR MÁQUINAS

Para ilustrar como os computadores lidam com a linguagem natural e as razões pelas quais é difícil programá-los para esse efeito, vamo-nos centrar, muito brevemente, na forma como os seres humanos adquirem as suas primeira e segunda línguas, e depois ver como funcionam os sistemas de tecnologia da linguagem.

Os seres humanos adquirem competências linguísticas de dois modos diferentes. Os bebés aprendem uma língua interagindo linguisticamente e ouvindo as interações entre os pais, irmãos e outros membros da família. Por volta dos dois anos de idade, as crianças começam a produzir as suas primeiras palavras e frases curtas. Isto só é possível porque os seres humanos têm uma predisposição genética para imitar e racionalizar o que ouvem. Aprender uma segunda língua numa idade mais avançada exige um maior esforço cognitivo, sobretudo quando quem aprende não está inserido numa comunidade de falantes dessa língua. Na escola, as línguas estrangeiras são normalmente adquiridas através do ensino da estrutura gramatical, vocabulário e ortografia, utilizando exercícios que descrevem conhecimentos linguísticos em termos de regras abstratas, tabelas e exemplos.

Os seres humanos adquirem aptidões linguísticas de dois modos diferentes: aprendendo a partir de exemplos e aprendendo as regras subjacentes.

Passando agora para a tecnologia da linguagem, os dois tipos principais de sistemas adquirem capacidades linguísticas de forma similar. As abordagens estatísticas permitem obter conhecimentos linguísticos a partir de vastas coleções de exemplos concretos de textos. Embora seja suficiente usar textos numa única língua para, por exemplo, treinar um corretor ortográfico, são necessários textos paralelos em duas ou mais línguas para o treino de um sistema de tradução automática. O algoritmo de aprendizagem automática pode então adquirir os padrões quanto ao modo como as palavras, expressões e frases completas são traduzidas.

Em regra, esta abordagem estatística requer milhões de frases para se obter um acréscimo significativo da qualidade no seu desempenho. Esta é uma das razões por que os fornecedores de motores de busca pretendem recolher o máximo de material escrito possível. Por exemplo, a correção ortográfica em processadores de texto ou serviços como o Google Search ou o Google Translate depende de abordagens estatísticas. A grande vantagem da estatística é que a máquina realiza uma rápida aprendizagem em séries contínuas de ciclos de treino.

Uma outra abordagem na tecnologia da linguagem, em geral, e na tradução automática, em particular, consiste na construção de sistemas baseados em regras. Peritos nas áreas da Linguística, Linguística Computacional e Engenharia Informática têm de, primeiro, codificar a análise gramatical (regras gramaticais) e compilar listas de vocabulário (léxicos). Isto requer imenso tempo e trabalho. Alguns dos principais sistemas de tradução automática baseados em regras têm estado em constante desenvolvimento desde há mais de 20 anos. A grande vantagem de sistemas baseados em regras é que os peritos têm um controlo mais pormenorizado sobre o processamento da linguagem. Isto torna possível corrigir de forma sistemática os erros no software e dar uma resposta detalhada ao utilizador, especialmente quando os sistemas baseados em regras são usados para a aprendizagem de línguas. Contudo, devido ao alto custo deste trabalho, a tecnologia da linguagem baseada em regras tem sido desenvolvida apenas para alguns idiomas até agora.

Como os pontos fortes e fracos de sistemas baseados em estatística e em regras tendem a ser complementares, a investigação atual concentra-se em abordagens híbridas que combinem as duas metodologias. No entanto, até agora, estas abordagens têm tido menos sucesso nas aplicações industriais do que nos laboratórios de investigação.

Os dois principais tipos de tecnologia da linguagem adquirem capacidades de processamento de uma forma algo similar à forma como os seres humanos o fazem.

Como vimos neste capítulo, muitas aplicações amplamente utilizadas na atual sociedade de informação dependem fortemente da tecnologia da linguagem. Devido à sua comunidade multilingue, isto é particularmente verdadeiro no espaço económico e de informação da Europa. Embora a tecnologia da linguagem tenha obtido progressos assinaláveis nos últimos anos, há ainda um enorme potencial para melhorar os resultados alcançados. Nos próximos capítulos, vamos descrever o papel do português na sociedade europeia de informação e no mundo e avaliar o estado atual da tecnologia da linguagem para a língua portuguesa.

3

O PORTUGUÊS NA SOCIEDADE DE INFORMAÇÃO

3.1 FACTOS GERAIS

O português é a terceira língua europeia com maior número de falantes no mundo, com cerca de 220 milhões de falantes em quatro continentes, dos quais 200 milhões têm o português como língua materna: África, América, Ásia e Europa [6, 7]. É a língua oficial de Angola, Brasil, Cabo Verde, Guiné-Bissau, Macau, Moçambique, Portugal, São Tomé e Príncipe, Timor-Leste, e desde 2010, da Guiné Equatorial.

O português é a terceira língua europeia mais falada no mundo, com cerca de 220 milhões de falantes.

Em resultado de movimentos migratórios [8, 9], o português é também falado por comunidades presentes em muitos países, ocupando em alguns deles uma importante posição entre a população estrangeira. É o caso, na Europa, do Luxemburgo (cerca de 25% da população), Andorra (à volta de 11%), França, Alemanha, Reino Unido, Suíça, Espanha e Bélgica [10].

O português é uma das línguas oficiais da União Europeia, do Mercosul e da União Africana. Com o avanço da alfabetização nos países africanos e em Timor-Leste, o português tem um grande potencial de crescimento.

As expedições e o comércio costeiro que Portugal manteve durante vários séculos apresentam hoje contrapartidas linguísticas: o português incorporou palavras de origem africana, ameríndia e asiática, mas também deu a sua contribuição lexical para muitas línguas no mundo e vários pidgins e crioulos do Oceano Atlântico, Oceano Pacífico e Oceano Índico [11, 12].

Em Portugal, a divisão geográfica dos dialetos [13] distingue os dialetos do Centro-Sul, os dialetos do Norte e os dialetos das ilhas atlânticas. Os dialetos do Norte podem ser identificados pela ausência da distinção fonológica entre /b/ e /v/, com prevalência do /b/, pela preservação de antigos ditongos, e pela existência de fricativas ápicoalveolares. As diferenças entre estes dialetos encontram-se sobretudo ao nível da fonética e fonologia e ao nível lexical, sendo todos eles mutuamente compreensíveis de forma imediata (possivelmente com a exceção de alguns dialetos das ilhas).

Quanto ao Brasil, dada a dimensão geográfica deste país, não é viável apresentar aqui as suas variedades linguísticas. Por razões geográficas, políticas e sociais, não é possível falar de uma variedade padrão do português do Brasil. Os especialistas tendem a mencionar "normas urbanas cultas".

A situação das variedades africanas do português é variada: enquanto em Angola e Moçambique o número de falantes de português tem vindo a aumentar desde a independência destes países, noutros casos, como São Tomé e Princípe ou Cabo Verde, em muitas circunstâncias utiliza-se amplamente o crioulo e o português é adquirido como língua segunda.

Todas as variantes do português nos diferentes continentes são mutuamente compreensíveis de forma generalizada.

3.2 PARTICULARIDADES DA LÍNGUA PORTUGUESA

O português é uma língua românica [14], pelo que a maioria do seu léxico deriva do Latim. Em diferentes momentos da sua história, integrou muitas palavras de várias outras línguas, as quais, em muitos casos, permanecem entre os vocábulos mais frequentes. Exemplos pré-latinos: *barranco, seara, bruxa*; germânicos: *luvas, bando, guerra*; árabes: *aldeia, açúcar, laranja*; africanos: *batuque, inhame*; asiáticos: *chá, biombo, bengala*; e ameríndios: *cacau, tapioca.* As línguas dos povos com os quais os portugueses estabeleceram contactos durante a expansão marítima também integraram palavras portuguesas, como, no caso do japonês, as palavras *bidoro* (do português *vidro*) e *pan* (do português *pão*).

Para um ouvinte que não domina a língua portuguesa, a variante europeia desta língua pode muitas vezes soar como uma sequência de consoantes. Isto deve-se ao facto de as vogais átonas do português serem muitas vezes enfraquecidas ou mesmo não realizadas, ao invés do que acontece com outras línguas românicas. Este processo fonológico do enfraquecimento das vogais é uma mudança tardia no português europeu e não teve lugar na variedade falada no Brasil, a qual, deste ponto de vista, se encontrará mais próxima do português falado há séculos atrás.

O português é uma lingua românica. Ao longo da sua história, integrou muitas palavras de outras línguas.

A ordem básica das palavras em português é dita ser SVO – Sujeito Verbo Objeto (*ele leu o livro*). Em alguns contextos pragmáticos, como por exemplo contextos enfáticos, a ordem VSO pode ocorrer (*lês tu o livro*) e as ordens OSV ou OVS são possíveis em construções que na terminologia gramatical são ditas marcadas (*o livro, ele não leu*).

O português é uma língua que permite sujeitos nulos, isto é, o sujeito de uma dada frase pode não estar realizado foneticamente (_ *li o livro*). Quando o sujeito tem a flexão de primeira pessoa, a sua não realização fonética é a opção por omissão. Adicionalmente, em regra, não ocorrem pronomes expletivos nas construções impessoais (_ *há um livro sobre esse tema*). Esta é uma das características do português que representa um desafio acrescido para a análise sintática automática dos textos e da fala.

O paradigma flexional do português é muito mais rico que o de línguas como o inglês, em particular no que diz respeito aos verbos. Por exemplo, um verbo pode ter diferentes marcas para aspeto, tempo, modo, pessoa, número, género ou polaridade, atingindo mais de 160 formas flexionadas diferentes, incluindo as simples e compostas [15].

Algumas propriedades da língua portuguesa constituem um desafio acrescido para a tecnologia da linguagem.

Além disso, há dois paradigmas de flexão verbal que não existem em outras línguas românicas e que são muito frequentes em português: o infinitivo flexionado e o futuro do conjuntivo. O primeiro partilha o tema com o infinitivo não flexionado (por exemplo, *cantar*) ao qual se juntam marcadores flexionais de aspeto, tempo, modo, pessoa e número (por exemplo, *para tu cantares*). Exceto no caso dos verbos irregulares, as formas flexionadas do futuro do conjuntivo são homónimas com as do infinitivo não flexionado, o que aumenta o número de formas ambíguas no paradigma flexional do verbo.

A posição dos pronomes clíticos na frase é outra característica que coloca desafios específicos ao processamento automático da língua portuguesa. Os pronomes clíticos podem ocorrer antes ou depois do verbo, exceto nos tempos futuro e condicional, em que podem ocorrer antes ou no meio da forma verbal (*dar-lho-ei*). A presença de um clítico de terceira pessoa no meio ou após o verbo pode afetar a forma do próprio verbo. Por exemplo, na sequência final *-ar*, o *-r* cai e a vogal é acentuada (*dá-lo-ei*).

3.3 DESENVOLVIMENTOS RECENTES

Sendo o inglês a língua mais difundida no mundo, a sua influência noutras línguas, incluindo o português, é cada vez mais notória. O cinema e a televisão, sobretudo séries norte-americanas, a música e a internet, contribuem para a presença regular da língua inglesa no quotidiano e muitas palavras desta língua acabam por ser integradas no português.

É sobretudo em línguas de especialidade, como a gestão ou a informática, que as palavras inglesas ganham maior visibilidade, como *CEO*, *manager*, *briefing*, *casual day* ou *download*, *pen USB*, *upload*, *online* ou *site*, e também *lifting*, *e-learning* ou *shopping*, entre muitas outras.

No que diz respeito à música, embora haja muitos projetos musicais com letras em inglês dirigidos a um público mais jovem, a música cantada em português, incluindo o fado e outros tipos de música tradicional portuguesa, está agora a recuperar uma grande audiência de todas as idades.

Na última década, tem havido um crescimento da relevância do português no contexto económico internacional, sobretudo devido ao desenvolvimento económico do Brasil e dos países africanos de língua oficial portuguesa. No âmbito das Nações Unidas, o português tem desempenhado um papel cada vez mais importante, com iniciativas para torná-lo uma das línguas de trabalho, como já acontece na União Europeia e no Mercosul.

A crescente importância do português a nível internacional reflete-se no número crescente de pessoas que se inscrevem em cursos de português por todo o mundo.

3.4 DIVULGAÇÃO E PROMOÇÃO

A Comunidade dos Países de Língua Oficial Portuguesa (CPLP) é uma organização intergovernamental para a cooperação. Um dos seus objetivos consiste na divulgação e promoção do português. O Instituto Internacional da Língua Portuguesa é o organismo da CPLP especificamente dedicado à promoção da língua portuguesa como língua internacional de projeção global. Foi também no seio da CPLP que foram empreendidos esforços conducentes ao Novo Acordo Ortográfico [16], comum a todos os países desta comunidade, de forma a apoiar a consolidação da língua no cenário económico e político internacional. Este Novo Acordo Ortográfico abrange todos os países de língua oficial portuguesa.

A Comunidade dos Países de Língua Oficial Portuguesa (CPLP) é uma organização intergovernamental com um papel ativo na divulgação e promoção da Língua Portuguesa.

A Academia das Ciências de Lisboa e a Academia Brasileira das Letras dedicam-se à divulgação da língua portuguesa, nomeadamente através da edição de dicionários de referência: o Dicionário da Língua Portuguesa Contemporânea, no caso da Academia portuguesa, e o Dicionário da Academia Brasileira de Letras, no caso da Academia brasileira.

O Instituto Camões é uma instituição sob a tutela do Ministério dos Negócios Estrangeiros de Portugal e um dos seus principais objetivos é a promoção do português no mundo. Esta instituição coordena e apoia o ensino do português em universidades e centros de cultura e língua portuguesa em todo o mundo. Concede financiamento a atividades culturais relacionadas com a língua, concedendo bolsas de estudo a nacionais e estrangeiros e apoiando o português como língua de comunicação internacional, particularmente em instituições internacionais como as Nações Unidas.

O Instituto Camões é a instituição sob a tutela do Ministério dos Negócios Estrangeiros de Portugal que tem por missão promover a língua portuguesa.

A Fundação Calouste Gulbenkian [17], sediada em Lisboa, também apoia a promoção da língua portuguesa. Por exemplo, através do seu serviço internacional, equipa Departamentos de Português e História em universidades estrangeiras ou instituições culturais de todo o mundo com livros de autores portugueses. Financia a organização de congressos, conferências e seminários sobre língua e literatura portuguesas. Financia também projetos de investigação, como por exemplo, o projeto do Corpus de Referência do Português Contemporâneo ou o projeto Gramática do Português do Centro de Linguística da Universidade de Lisboa.

Nos últimos anos, o Brasil tem aumentado a cooperação internacional, com especial incidência no domínio da educação, com reflexos no apoio à língua portuguesa. Neste sentido, existem acordos com Angola e Moçambique para a oferta de cursos de pós-graduação in loco e à distância. Já com países de língua espanhola que fazem fronteira com o Brasil, como o Uruguai, existem bolsas de estudo para docentes das principais universidades e, nas zonas fronteiriças desses mesmos países, está a ser estimulada a educação bilingue.

A rádio e televisão públicas de Portugal têm-se empenhado na promoção do português através da transmissão de programas de divulgação que procuram ensinar boas práticas no uso da língua portuguesa, emitindo diariamente programas para esclarecer algumas dúvidas frequentes sobre a norma do português. Na cadeia de televisão pública, o programa semanal Cuidado com a Língua é simultaneamente educativo e divertido e ajuda a divulgar o Novo Acordo Ortográfico. Na rádio pública, há debates regulares sobre as boas práticas do português escrito e falado. Tem havido também muitas publicações dedicadas à língua portuguesa, procurando atrair mais público para o seu uso adequado. Todos estes programas e publicações visam responder a um interesse empenhado da população pelas questões da língua. Também as estações de rádio e televisão em língua portuguesa, dispersas pelo mundo, têm feito um trabalho assinalável para manter o uso do português junto dos emigrantes e dos seus descendentes.

O novo Acordo Ortográfico para o português foi aprovado no quadro da Comunidade dos Países de Língua Oficial Portuguesa (CPLP).

No setor da música, o uso do português tem sido apoiado através de um sistema de quotas nas rádios portuguesas. A lei estipula uma percentagem obrigatória, nomeadamente 25%, de música em português nos programas emitidos.

A língua portuguesa também é promovida através do aumento da projeção internacional de autores africanos, brasileiros e portugueses. Pode-se destacar filósofos portugueses, como Eduardo Lourenço ou Fernando Gil, assim como escritores portugueses, como António Lobo Antunes ou José Saramago, o recentemente desaparecido Prémio Nobel da Literatura, cujas obras se encontram traduzidas em todo o mundo, entre vários outros. No contexto da literatura brasileira, Jorge Amado ou Paulo Coelho são exemplos de escritores com ampla tradução e divulgação a nível mundial. No que diz respeito aos autores africanos, Mia Couto, de Moçambique, e José Eduardo Agualusa ou Luandino Vieira, de Angola, são alguns exemplos também a merecer destaque.

3.5 LÍNGUA PORTUGUESA E EDUCAÇÃO

Nos últimos anos, teve lugar em Portugal um grande investimento no desenvolvimento de uma rede de bibliotecas escolares. Isto foi feito no âmbito do Plano Nacional de Leitura, cujo objetivo é a melhoria dos índices de literacia dos estudantes portugueses nos vários níveis de aprendizagem, com especial enfoque nos primeiros anos de ensino. Também no Brasil têm sido implementadas, de forma gradual, políticas educativas que permitam um aumento do nível de literacia entre os estudantes brasileiros.

Outra iniciativa recente em Portugal foi a integração generalizada das novas tecnologias da informação nas escolas. Os alunos mais novos têm a possibilidade de adquirir a baixo custo, e nalguns casos gratuitamente, computadores portáteis especialmente concebidos para os diferentes níveis de ensino. Em conjunto com este acesso a computadores pessoais, foram desenvolvidos programas educativos em português que estimulam, entre outros aspetos, a aprendizagem da gramática.

O Plano Nacional de Leitura em Portugal tem como objetivo a promoção dos índices de literacia dos estudantes. Iniciativas semelhantes têm sido desenvolvidas no Brasil.

Cabe também referir o papel desempenhado pela Fundação Gulbenkian, nomeadamente no apoio dado à constituição de bibliotecas escolares e públicas. Relevante foi também o apoio dado ao projeto Diversidade Linguística na Escola Portuguesa [18], desenvolvido em conjunto com o Instituto de Linguística Teórica e Computacional, e cujo principal objetivo é o de contribuir para a integração escolar de alunos que não têm o português como língua materna.

Os recentes resultados do PISA 2009 (Programme for International Student Assessment) demonstraram uma melhoria comparativa dos resultados dos alunos portugueses ao nível da leitura, das ciências e da matemática, com especial destaque para a componente da leitura.

Num futuro próximo, espera-se o continuado impacto benéfico deste investimento no Plano Nacional de Leitura e nas novas tecnologias, assim como da recente medida de aumentar a escolaridade obrigatória para doze anos.

3.6 ASPETOS INTERNACIONAIS

Na sequência das explorações marítimas portuguesas, das descobertas geográficas e da abertura de novas rotas no comércio mundial, desde há séculos que a língua portuguesa tem sido projetada em todo o mundo como uma das línguas mais importantes para o comércio e para os negócios.

O português é atualmente uma língua de comunicação internacional com projeção global, com cerca de 220 milhões de falantes, dos quais cerca de doze milhões encontram-se na Europa, com cerca de 10 milhões em Portugal [19]. É no Brasil que se encontra a maior comunidade de falantes do português, com 190 milhões. A par do tamanho da sua população, o Brasil está a contribuir para uma cada vez maior projeção internacional da língua portuguesa em resultado do seu desenvolvimento económico e da sua posição na cena internacional como uma das potências emergentes do século XXI. Tem-se registado um interesse crescente pela língua portuguesa, sendo o português ensinado em muitos países do mundo [20]. Diversas Câmaras de Comércio têm proporcionado aulas de português para potenciais investidores, como foi o caso recente da Câmara Italiana em Portugal, só para citar um exemplo entre muitos outros. As comunidades de emigrantes portugueses no mundo têm sido outro fator de promoção do ensino do português.

Há um crescente interesse pela língua portuguesa no mundo, tanto no setor académico como no setor da economia e dos negócios.

A língua portuguesa é atualmente uma das 23 línguas oficiais da União Europeia e tem sido incluída em muitos projetos de investigação financiados pela Comissão Europeia com o objetivo de se desenvolver recursos e tecnologia da linguagem. A língua portuguesa é também língua administrativa e de trabalho de 27 organizações internacionais, incluindo, por exemplo, a Comunidade dos Países de Língua Oficial Portuguesa (CPLP), o Mercosul, a União Latina ou a Federação Internacional de Futebol (FIFA).

A língua portuguesa é língua administrativa e de trabalho de 27 organizações internacionais.

Apesar da sua progressiva projeção, a língua portuguesa pode enfrentar alguns desafios no que toca à sua posição como língua de comunicação internacional. Na América Latina, com cerca de 190 milhões de falantes, o português co-existe com grandes comunidades de falantes de espanhol. Na Europa, um continente multilingue, o português conta apenas com cerca de doze milhões de falantes, incluindo as comunidades emigrantes. Na Ásia, é língua oficial somente em Timor-Leste e Macau. E em África, a par do facto de muitas línguas nativas co-existirem com o português, o inglês e o francês são línguas com uma projeção forte e concorrente nesse continente.

3.7 A LÍNGUA PORTUGUESA NA INTERNET

Um apanhado geral dos dados estatísticos sobre a língua portuguesa revela que esta é uma das línguas mais utilizadas na internet. De acordo com estimativas recentes, o português é a quinta língua mais usada na internet, sendo ultraprassada apenas pelo inglês, chinês, espanhol e japonês [21]. Esta pesquisa mostra que cerca de 82,5 milhões de utilizadores usam o português para navegar na internet, e que numa década, entre 2000 e 2010, o número de utilizadores que usam o português registou uma surpreendente expansão de 990%.

O português está particularmente bem posicionado quando se trata da presença nas redes sociais. Um estudo semântico e quantitativo de 2,8 milhões de tweets, realizado pela Semiocast, revela que o português é a terceira língua mais usada no Twitter, depois do inglês e do japonês [22].

A língua portuguesa é a quinta mais utilizada na internet, onde registou um surpreendente crescimento de 990% na última década.

Isto resulta do enorme aumento do acesso à internet no Brasil, particularmente entre os jovens. Este país tem um dos maiores números de utilizadores de internet em todo o mundo, com 72 milhões de internautas [23], e as respostas a um questionário do censos revelaram que o número de utilizadores da internet com 10 anos ou mais deu um salto de doze milhões desde 2008 [24]. Portugal, por sua vez, tem cerca de 5 milhões de utilizadores da internet [25, 26] e as estatísticas revelam que o número de subscritores de acesso à internet tem registado um aumento notório: em 2001 havia pouco menos de 500 mil assinantes, e as últimas estimativas indicam perto de 2 milhões de assinantes atualmente [27]. As estatísticas revelam também que em 2006, 95% das empresas com dez ou mais funcionários usavam computador, enquanto 84% utilizavam o email e 83% tinham acesso à internet; que em 2008, mais de 90% dos indivíduos com idades entre os 10 e 15 anos usavam computador (96,6%) e a internet (92,7%); e que em 2010, 54% dos lares portugueses tinham acesso à internet [27].

Paralelamente ao esforço de assegurar a presença de institutos, agências e serviços públicos na internet, em 2007, foi implementado em Portugal o Plano Nacional para a Promoção da Acessibilidade [28], orientado para promover a inclusão social através da Sociedade de Informação e para permitir o acesso a conteúdos na rede por parte de cidadãos com deficiência.

É pois inequívoco o uso crescente da língua portuguesa na internet.

A par dos dados acima apresentados, vale a pena realçar que o português está presente em vários sites de instituições políticas e económicas internacionais, como os sites da União Europeia ou do Mercosul, só para citar dois exemplos, devendo ser dada continuidade aos esforços para que esta língua esteja presente noutras instituições onde ainda não é opção.

4

TECNOLOGIA DA LINGUAGEM PARA O PORTUGUÊS

A tecnologia da linguagem é usada para desenvolver sistemas de software cujo objetivo é lidar com a linguagem humana, pelo que frequentemente é também designada por tecnologia da linguagem humana.

A linguagem humana surge na forma falada e escrita. Enquanto a fala representa a forma de comunicação mais antiga em termos de evolução humana, e o meio de comunicação mais natural, é através dos textos escritos que se transmite informação complexa e é neles que está armazenada a maioria do conhecimento humano. As tecnologias de processamento da fala e do texto analizam ou produzem linguagem, sob estas diferentes formas, através da utilização de dicionários, regras de gramática e semânticas. Isto significa que a tecnologia da linguagem liga a linguagem a várias formas de conhecimento, independentemente do meio (textual ou oral) em que é expressa.

Quando comunicamos, combinamos a linguagem com outras formas de comunicação e outros meios de informação. Falar pode envolver gestos e expressões faciais. Os textos digitais são acompanhados por imagens e sons. Os filmes podem incluir linguagem sob a forma oral ou escrita. Isto quer dizer que as tecnologias da fala e do texto se entrecruzam com outras tecnologias de modo a facilitar o processamento da comunicação multimodal.

A Figura 1 apresenta, em traços muitos gerais, este enquadramento da tecnologia da linguagem.

Neste capítulo, começar-se-á por apresentar as áreas de aplicações nucleares para a tecnologia da linguagem, descrevendo sumariamente o seu estado de desenvolvimento. No final, apresentar-se-á uma apreciação no que respeita ao estado de desenvolvimento da tecnologia da linguagem para o português. Isto permitirá obter uma perspetiva sobre o estado da arte desta tecnologia para a língua portuguesa e uma comparação sinóptica com o que se passa relativamente às outras línguas abrangidas por esta coleção de Livros Brancos.

A tecnologia da linguagem constitui uma área de investigação autónoma com uma vasta literatura. Para uma introdução, o leitor interessado poderá consultar as seguintes referências [29, 30, 31, 32].

Em preparação da discussão sobre as áreas de aplicação nucleares apontadas acima, descrever-se-á brevemente a arquitetura típica de um sistema de tecnologia da linguagem.

4.1 ARQUITETURAS DE APLICAÇÕES

As aplicações mais usuais para o processamento da linguagem são constituídas por vários componentes que refletem diferentes aspetos da linguagem. A Figura 2 mostra, de um modo bastante simplificado, a arquitetura que pode ser encontrada num sistema típico de processamento de texto. Os três primeiros módulos ocupam-se da estrutura e do significado do texto de entrada:

1. pré-processamento: limpeza dos dados, análise ou remoção da formatação, e deteção do idioma, etc;

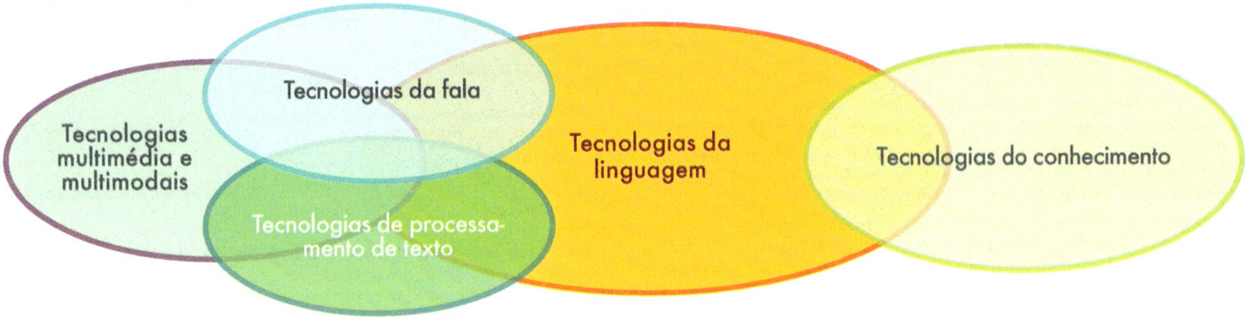

1: A tecnologia da linguagem em contexto

2. análise gramatical: deteção do verbo e dos seus complementos e modificadores, deteção de elementos de outras categorias, identificação da estrutura das frases;

3. análise semântica: desambiguação (por exemplo, qual das aceções de *bateria* é a usada em determinado contexto?), resolução de anáforas (por exemplo, que pronome recupera a referência de que outra expressão na frase?), e representação do significado da frase num modelo interpretável pela máquina.

Após a análise do texto, alguns módulos específicos podem executar outro tipo de operações, como a sumarização automática ou uma busca em bases de dados, entre outras.

4.2 ÁREAS CENTRAIS DE APLICAÇÃO

Apresentar-se-ão, em seguida, algumas aplicações centrais na área da tecnologia da linguagem: verificação de linguagem, busca na web, tecnologia da fala e tradução automática.

4.2.1 Verificação da Linguagem

Quem tiver usado uma ferramenta de processamento de texto, como o MS Word, sabe que esta tem um corretor ortográfico que destaca possíveis erros ortográficos e propõe correções. Os primeiros programas de verificação ortográfica comparavam uma lista de palavras extraídas do texto a analisar com o que constava de um dicionário com palavras corretamente escritas. Hoje em

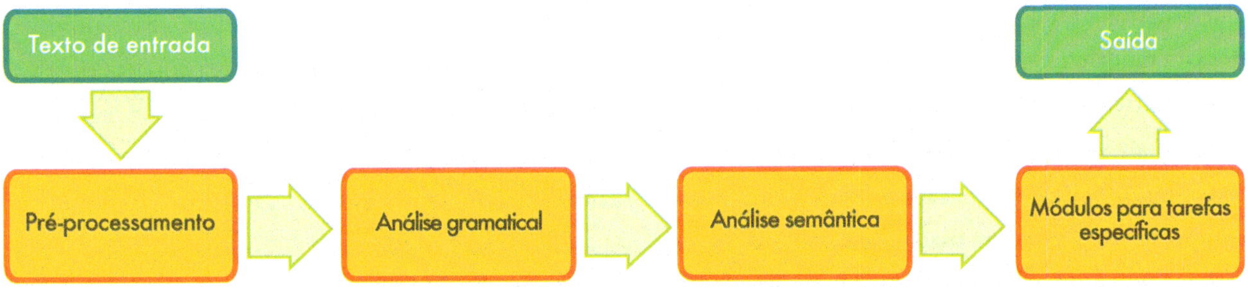

2: Arquitetura típica de uma aplicação para o processamento de texto

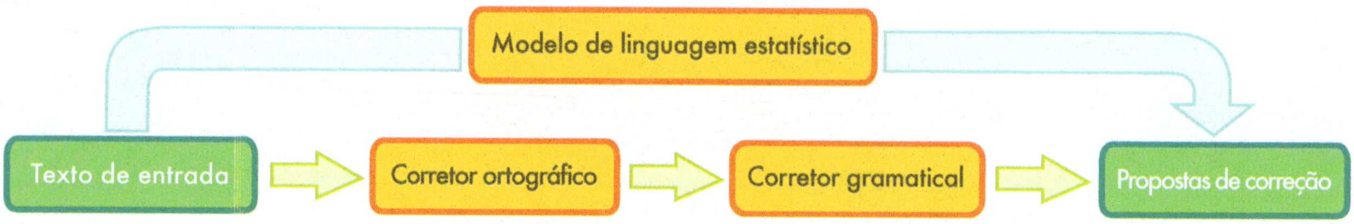

3: Corretor ortográfico e sintático: modelo estatístico (em cima) e modelo baseado em regras (em baixo)

dia, esses programas tornaram-se bem mais sofisticados. Além de usarem algoritmos para a análise de texto afinados para a linguagem em apreço, detetam erros relacionados com a morfologia (por exemplo, formação do plural) e a sintaxe, tais como a ausência de um verbo ou a falta de concordância com o sujeito em pessoa e número (por exemplo, como em *elas *escreve uma carta*), etc. Ainda assim, a maioria dos corretores ortográficos não alertará para um potencial erro na segunda destas duas frases:

Fizemos jogos tradicionais, incluindo o *jogo do pião.*
Fizemos jogos tradicionais, incluindo o *jogo do peão.*

Para lidar com este tipo de erros, é necessária a formulação de regras gramaticais específicas da língua (o que implica um elevado grau de especialização e trabalho manual) ou o uso de um modelo de linguagem estatístico, como ilustrado na Figura 3. Este tipo de modelo calcula a probabilidade de uma determinada palavra ocorrer num determinado contexto. Para o exemplo acima referido, *o jogo do pião* é uma sequência de palavras muito mais provável do que o *jogo do peão.* Um modelo estatístico pode ser automaticamente obtido recorrendo-se a uma grande quantidade de dados da língua, que se costuma designar por um corpus.

A verificação da linguagem não se limita aos processadores de texto. É também usada em sistemas de apoio ao autor (*authoring support systems*). Estes sistemas são aplicações que apoiam a redação de manuais e outra documentação para as áreas das tecnologias da informação complexas, cuidados de saúde ou engenharia, entre outros. Temendo as reclamações dos clientes devido à utilização errada dos produtos ou devido aos danos resultantes de uma possível má interpretação dos manuais de instrução, as empresas prestam cada vez mais atenção à qualidade técnica da documentação quando se dirigem ao mercado internacional. Os avanços na área da tecnologia da linguagem levaram ao desenvolvimento de aplicações de apoio à elaboração de textos, que auxiliam o redator de documentação técnica no uso de vocabulário e de estruturas de frases, de acordo com certas regras e restrições terminológicas.

O uso de corretores ortográficos não se limita aos processadores de texto. Também se aplica a sistemas de apoio aos autores de textos especializados.

Para além do corretor ortográfico associado ao MS Word, existem outras ferramentas de correção ortográfica para o português. Em Portugal, é comercializado o FLIP, um software que disponibiliza vários produtos na área da verificação ortográfica e sintática para o português europeu e do Brasil. O CoGrOO, para o Open Office, é um corretor gramatical para o português do Brasil. Também para esta variedade do português, e partindo de um algoritmo concebido pelo Instituto de Computação da Universidade Estadual de Campinas (UNICAMP), o Núcleo Interinstitucional de Lingüística Computacional (NILC) desenvolveu o corretor Re-

Gra, que é parte integrante do MS Word e do processador de texto REDATOR.

Além dos corretores ortográficos e dos sistemas de apoio ao autor, este tipo de verificação da língua é também importante na área da aprendizagem de línguas assistida por computador e nas aplicações de correção automática de pesquisas enviadas para motores de busca da internet, como é o caso das sugestões do Google "Será que quis dizer ...".

4.2.2 Busca na Web

A busca na web, em intranets ou em bibliotecas digitais é provavelmente a tecnologia da linguagem mais utilizada mas também a menos desenvolvida nos dias de hoje. Na Figura 4 encontra-se uma representação esquemática dos seus principais componentes.

O motor de busca Google, surgido em 1998, recebe atualmente cerca de 91% dos pedidos de busca que se fazem na web em todo o mundo [33]. O verbo *googlar* passou a ter uma entrada no dicionário de Português online da Porto Editora [34]. Nem a interface de busca nem a apresentação dos resultados obtidos sofreram alterações significativas desde a primeira versão deste motor de busca. Na versão atual, o Google oferece correção ortográfica para as palavras com erros ortográficos. A sua capacidade de busca semântica, que desde 2009 se encontra incorporada no seu algoritmo, permite-lhe melhorar a precisão dos resultados através da análise do significado dos termos do pedido de busca no seu contexto [35].

A história de sucesso do Google mostra que, na posse de um grande volume de dados e de técnicas de indexação eficiente de dados, uma abordagem essencialmente baseada em estatística pode levar a resultados satisfatórios.

No entanto, para uma busca de informação mais elaborada, é essencial integrar conhecimentos linguísticos mais profundos. Experiências realizadas em laboratório, com recurso a thesauri e bases de dados ontológicas (como a ontologia lexical WordNet), têm apresentado avanços ao permitir que se encontre uma página com base nos sinónimos dos termos da busca (por exemplo, para uma busca por *energia atómica*, busca-se automaticamente também por *energia nuclear* e *centrais nucleares*, etc). Neste contexto, para o português (europeu ou do Brasil), será útil a ontologia lexical MultiWordnet.PT [36], para o português europeu, a WordNet.PT [37], e para o português do Brasil, o Thesaurus Eletrônico para o Português (TEP), em desenvolvimento como parte do projeto WordNet.BR.

A próxima geração de motores de busca terá de incluir tecnologia da linguagem muito mais sofisticada. Se em vez de uma lista de palavras-chave, a busca consistir numa pergunta ou noutro tipo de frase, a obtenção de respostas relevantes para esta consulta vai requerer não só uma análise da frase a nível sintático e semântico, como também a disponibilização de uma indexação que permita uma recuperação rápida dos documentos pertinentes. Suponhamos, por exemplo, que um utilizador introduz a seguinte busca: *Quais são as empresas que foram compradas por outras empresas nos últimos cinco anos?* Para se alcançar uma resposta satisfatória, é necessário proceder-se a uma análise gramatical da frase para obter a sua estrutura e determinar que o utilizador está à procura de empresas que foram compradas e não de empresas que compraram outras; é igualmente preciso processar a expressão *últimos cinco anos* para descobrir quais os anos a que ela se refere exatamente, etc.

Adicionalmente, é necessário que o pedido de busca seja comparado com uma grande quantidade de dados não estruturados, com o objetivo de encontrar parte (ou partes) da informação de que o utilizador está à procura. Este processo é normalmente referido como recuperação de informação (*information retrieval*) e envolve tarefas de busca em documentos considerados relevantes. No caso da busca acima referida, para se obter

4: Arquitectura da busca na web

uma lista de empresas é ainda necessário extrair a informação de que uma dada sequência de palavras num documento se refere ao nome da empresa. Esta tarefa é realizada através de ferramentas que executam aquilo que na área se designa por reconhecimento de expressões nomeadoras de entidades (*named entity recognition*).

A próxima geração de motores de busca terá de incluir a tecnologia da linguagem com um grau muito mais elevado de sofisticação.

Mais exigente ainda é fazer uma busca por documentos escritos em línguas diferentes do idioma dos termos de busca. Para a recuperação de informação transversal a diferentes línguas, há que traduzir automaticamente a busca para todas as línguas alvo possíveis e transferir a informação recolhida de volta para a língua fonte.

Face à crescente percentagem de dados disponíveis em formatos não textuais, há uma necessidade de serviços que permitam a recuperação de informação multimédia, ou seja, a busca de informação em imagens, em áudio e em vídeo. Para ficheiros de áudio e vídeo, esta tarefa envolve um módulo de reconhecimento da fala que tem por função converter a fala em formato textual ou numa representação fonética em relação aos quais se possa estabelecer uma correspondência com as buscas que os utilizadores possam fazer.

No final dos anos 90, começaram a ser desenvolvidos em Portugal vários motores de busca. O AEIOU surgiu em 1996 e foi posteriormente comprado pelo grupo Impresa, sendo transformado num portal de conteúdos [38]. O Sapo foi lançado em 1997 como motor de busca, tornando-se mais tarde um portal e sendo agora um fornecedor de serviços de internet propriedade da PT Multimédia [39]. Foram também criadas versões deste motor de busca para Angola, Cabo Verde, Moçambique e Timor-Leste. Hoje em dia, embora tenham sido criados muitos outros motores de busca em Portugal (Busca Online, Clix, Guianet, Netindex, entre outros) [40], são poucas as empresas portuguesas que continuam a fornecer serviços autónomos de busca, sendo o Google.pt tido como o mais popular.

No Brasil encontram-se exemplos de motores de busca direcionados apenas para sites brasileiros – como o Achei [41] ou o Giga Busca [42] –, sendo a sua cobertura e o seu alcance limitados. Há que destacar o motor de busca METAMINER, desenvolvido em 1996 pela Universidade Federal de Minas Gerais, mais tarde integrado no portal UOL. O Google.br é por isso tido como o motor de busca dominante no Brasil.

4.2.3 Interação por Fala

A interação através de fala é uma das muitas áreas de aplicação que dependem da tecnologia da fala, ou seja de tecnologia que processa os sons da linguagem. A tecnologia da fala é usada para criar interfaces que permitem ao utilizador interagir com máquinas usando linguagem falada em vez de, por exemplo, um monitor, um teclado ou um rato. Atualmente estas interfaces com o utilizador baseadas em voz podem ser parcial ou totalmente automatizadas e são geralmente utilizadas por empresas para oferecerem serviços por telefone aos seus clientes, empregados ou associados. Os negócios na área da banca, logística, transportes públicos ou telecomunicações são dos que mais fortemente apostam neste tipo de aplicações. A tecnologia da fala proporciona ainda outros tipos de utilizações, nomeadamente interfaces para certos dispositivos, como por exemplo, os sistemas de navegação presentes nos carros, ou o recurso à linguagem oral como alternativa às modalidades de input/output existentes em interfaces gráficas, como acontece com os smartphones.

A tecnologia da fala é a base para se criar interfaces que permitem ao utilizador interagir com máquinas usando a voz em vez de um teclado ou um rato.

Como ilustrado na Figura 5, sobre sistemas de diálogo baseados em voz, a tecnologia da fala compreende três dimensões principais:

1. O **reconhecimento automático da fala** determina que palavras foram efetivamente proferidas numa sequência de sons produzidos por um utilizador.
2. A **gestão do diálogo** determina que ação deve ser realizada tendo em conta o input do utilizador e a funcionalidade do próprio sistema.
3. A **síntese de voz** (texto-para-fala) transforma o output do sistema em sons para o utilizador.

Um dos grandes desafios dos sistemas de reconhecimento automático da fala consiste em reconhecer com precisão as palavras proferidas por um utilizador. Isto pode implicar restringir-se o leque de enunciados admissíveis a um conjunto limitado de palavras-chave, ou proceder-se à criação manual de modelos de linguagem que cubram uma grande variedade de enunciados em linguagem natural. Através da utilização de técnicas de aprendizagem automática, os modelos de linguagem podem também ser gerados automaticamente a partir de corpora de fala, ou seja, de grandes coleções de ficheiros áudio com fala e respetivas transcrições textuais. Restringir-se o leque de enunciados admissíveis força porém as pessoas a utilizarem a interface de voz de uma forma rígida e reduz a sua aceitação por parte dos utilizadores. Interfaces de tipo alternativo, que recorrem a modelos de linguagem e permitem ao utilizador expressar a sua intenção de forma mais flexível – numa interação desencadeada, por exemplo, pela pergunta "*Como posso ajudá-lo?*" –, têm por isso uma melhor aceitação. Mas esta alternativa envolve a criação, afinação e manutenção de modelos de linguagem, o que pode fazer aumentar os custos de modo muito significativo.

Os sistemas de reconhecimento do português europeu e do português do Brasil têm um bom desempenho em

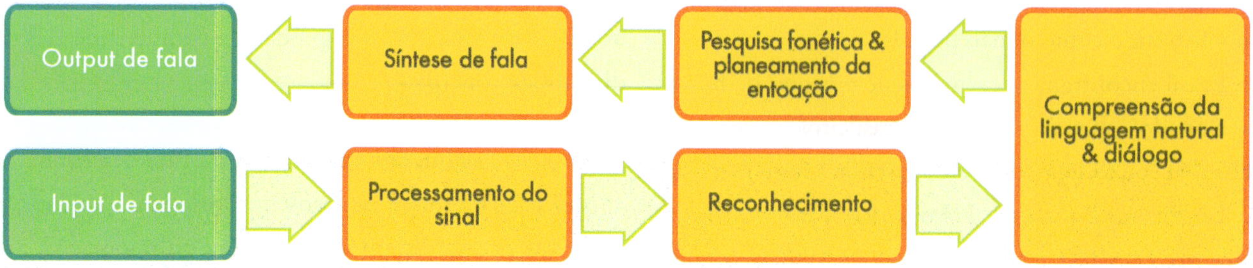

5: Sistema de diálogo baseado em voz

geral, obtendo resultados de reconhecimento moderadamente bons, e têm sido mantidos de forma ativa. A grande maioria destes sistemas não se encontra disponibilizada de forma livre e os sistemas desenvolvidos nos laboratórios, em particular, não apresentam conformidade com padrões estabelecidos. Alguns sistemas usam grandes vocabulários, para transcreverem notícias, por exemplo. Alguns são específicos para um certo domínio, usando um vocabulário limitado (para tarefas circunscritas, e. g. na área da medicina), sendo a adaptação a um novo domínio possível com recursos apropriados.

As empresas tendem a usar enunciados pré-gravados por locutores profissionais para gerar o output de uma interface de voz. Para enunciados estáticos em que a formulação não depende de contextos particulares nem de dados pessoais do utilizador, isto permitirá uma experiência do utilizador satisfatória. No entanto, quanto mais dinâmico for o conteúdo de um enunciado que o sintetizador tem de produzir mais hipóteses há de os resultados de output apresentarem uma prosódia pobre, resultante da mera concatenação de pedaços de áudio. Recorrendo-se a técnicas de otimização, os atuais sistemas de texto-para-fala têm apresentado cada vez melhores resultados na produção de enunciados dinâmicos que soam com naturalidade.

O estado da arte da síntese de fala para o português é similar ao do reconhecimento de fala. Poucos sistemas são acessíveis de forma livre e os dados de fala necessários para criar uma voz não se encontram disponíveis. No entanto, a maturidade dos sistemas de síntese para uso generalizado parece ainda assim ser maior em várias aplicações: dispositivos GPS, centros de atendimento telefónico, avatares, websites, etc.

A última década tem sido caracterizada por uma padronizaçao das interfaces de interação por fala em termos dos seus vários componentes tecnológicos. Houve também uma forte consolidação do mercado nos últimos dez anos, em particular nas áreas de reconhecimento e síntese da fala. Os mercados nacionais dos países do G20 são dominados por apenas cinco atores globais, sendo a Nuance (EUA) e a Loquendo (Itália) as empresas mais proeminentes. Em 2011, a Nuance anunciou a aquisição da Loquendo, o que representa mais um passo na consolidação do mercado.

No mercado português de texto-para-fala, existem algumas pequenas empresas, como a SVOX e a Voice Interaction, procurando esta última diferenciar-se por disponibilizar vozes não apenas para o português europeu e do Brasil, mas também para as variedades africanas do português. No mercado brasileiro a empresa VOCALISE oferece produtos e serviços nesta área (texto-para-fala, fala-para-texto, reconhecimento automático de fala, busca em fala gravada, etc), com a particularidade de estar muito próxima das grandes universidades da zona de São Paulo e Campinas [43]. É de destacar também o número crescente de empresas estrangeiras que se estabelecem junto das universidades e que têm demonstrado interesse nas diferentes variedades do português do Brasil.

No que respeita à tecnologia e know how para gestão de diálogo, a DigA é a única aplicação completa construída especificamente para o português europeu: é de domínio público mas não está disponível em código aberto. A aplicação Olympus SDS, de código aberto, foi adaptada com sucesso para o português mas ainda não foi amplamente testada. Dos vários módulos exigidos por sistemas de diálogo, o gestor de diálogo é o único módulo que pode ser usado para qualquer língua. Os outros módulos existem embora não sejam usualmente de livre acesso nem estejam disponíveis em código aberto.

Olhando para o futuro, anteveem-se mudanças significativas devido à disseminação dos smartphones enquanto nova plataforma para a gestão de relações com clientes, em acumulação com o telefone fixo, a internet e o correio eletrónico. Isto afetará também a forma como a tecnologia da fala é usada. A longo prazo, haverá menos interfaces baseadas em voz para serem usadas por telefone e a utilização da linguagem falada desempenhará um papel cada vez maior enquanto input amigável para smartphones. Esta tendência será impulsionada pelas melhorias graduais, que se irão obtendo no futuro próximo, em termos da precisão do reconhecimento de fala independente do falante feito através serviços de ditado, serviços esses que são já oferecidos como serviços centralizados para utilizadores de smartphones.

Para o português europeu, tem havido recentemente investigação dirigida para novas aplicações, nomeadamente nas áreas da saúde e do ensino da língua. Alguns projetos procuram, por exemplo, desenvolver e testar ferramentas para apoiar o ensino da pronúncia ou para jogos "sérios" para a aquisição de vocabulário e da gramática. No caso da saúde, decorrem projetos que estudam a fala dos idosos e o seu impacto no desempenho das ferramentas de reconhecimento da fala, com vista a ajudar a recuperação de doentes com perturbações da fala, como a afasia.

4.2.4 Tradução Automática

A ideia de usar computadores para a tradução das línguas naturais surgiu em 1946 e veio a merecer financiamentos substanciais nos anos 50 e novamente nos anos 80. A tradução automática encontra-se longe de corresponder, porém, às expectativas que gerou nos primeiros anos de investigação.

No seu nível mais básico, a tradução automática pode ser realizada através de uma mera substituição das palavras de uma língua por palavras de outra língua. Isto poderá ser útil em domínios com terminologias restritas e que façam uso de uma linguagem controlada, como por exemplo, os boletins meteorológicos. Contudo, para uma boa tradução de textos menos padronizados, é necessário fazer corresponder as unidades de texto maiores (sintagmas, frases ou mesmo textos completos) às suas contrapartes mais próximas na língua alvo. Neste caso, a maior dificuldade reside no facto de a linguagem humana ser ambígua. A desambiguação de palavras apresenta um enorme desafio a vários níveis. Por exemplo, a nível lexical, *banco* apresenta pelo menos duas aceções, "peça de mobiliário" ou "instituição financeira", o que é ilustrado no seguinte exemplo:

O Pedro viu a rapariga no banco.

Dependendo do contexto em que ocorra, esta frase tanto pode indicar que o Pedro viu a rapariga na instituição bancária ou no assento.

A ambiguidade sintática também apresenta grandes desafios, como é ilustrado pelos dois exemplos abaixo. Repare-se que as frases são estruturalmente idênticas, mas na primeira o sintagma preposicional introduzido por *com* causa ambiguidade, e na segunda não – o telescópio foi usado pelo Pedro para ver a rapariga, ou a rapariga usava o telescópio quando foi vista pelo Pedro:

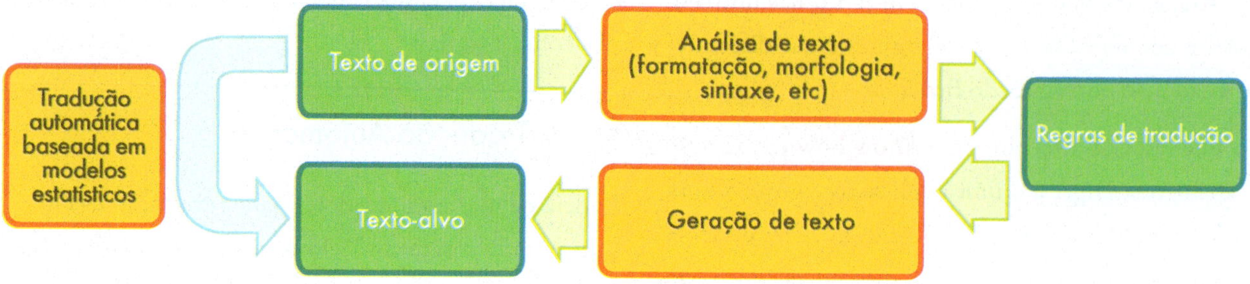

6: Tradução Automática: modelo estatístico (esquerda) e modelo baseado em regras (direita)

O Pedro viu a rapariga com o telescópio.
O Pedro viu a rapariga com o boné.

Uma forma de construir sistemas de tradução automática consiste em usar regras linguísticas. Para traduções entre línguas aproximadas, a tradução direta palavra a palavra pode ser útil. Mas os sistemas mais sofisticados são baseados em regras e em conhecimento linguístico que ajudam a analisar o texto de entrada e a criar uma sua representação intermédia a partir da qual geram o texto da língua alvo. O sucesso destes métodos está fortemente dependente da disponibilidade não só de grandes léxicos – com informação morfológica, sintática e semântica –, como também de grandes conjuntos de regras gramaticais concebidas cuidadosamente por linguistas especializados. Alguns dos mais importantes sistemas de tradução automática baseados em regras, como o LOGOS, o Apertium ou o SYSTRAN, estão disponíveis para a língua portuguesa.

A partir dos finais dos anos 80, quando os recursos computacionais se tornaram mais baratos, começou a surgir um maior interesse na criação de modelos estatísticos para a tradução automática. Os parâmetros destes modelos derivam da análise de corpora bilingues, como por exemplo, o corpus paralelo Europarl, que contém as atas do Parlamento Europeu em 21 línguas diferentes. Com um volume de dados suficiente, através do processamento de versões paralelas e da busca por padrões prováveis de palavras, a tradução automática baseada em estatística funciona suficientemente bem para produzir uma tradução aproximada na língua alvo. Além da vantagem de ser necessário um menor esforço humano, a tradução automática baseada em estatística pode também cobrir particularidades da língua de que os outros sistemas não dão conta, como é o caso, por exemplo, das expressões idiomáticas. Contudo, ao contrário dos sistemas baseados em regras linguísticas, este tipo de abordagem tende a gerar, muitas mais vezes, resultados com erros gramaticais.

Adicionalmente, e no caso do português em particular, a falta de recursos para a desambiguação de aceções de palavras – dados (ontologias lexicais e corpora anotados) e software desenvolvido a partir desses dados – é uma das razões para que os resultados dos sistemas de tradução automática existentes sejam ainda mais insatisfatórios.

A Figura 6 sintetiza diagramaticamente estas duas abordagens para a tradução automática, baseada em regras e baseada em estatística. Devido ao facto de os pontos fortes e os pontos fracos destes dois tipos de abordagem para a tradução automática serem complementares, os investigadores têm-se concentrado em aperfeiçoar abordagens híbridas, combinando ambas as metodologias. Uma das formas de pôr em prática esta ideia consiste em utilizar tanto o modelo baseado em regras como o modelo baseado em estatística e ter um módulo de seleção que decida o melhor output para cada frase. No entanto,

	Língua-alvo – Target language																					
	EN	BG	DE	CS	DA	EL	ES	ET	FI	FR	HU	IT	LT	LV	MT	NL	PL	PT	RO	SK	SL	SV
EN	–	40.5	46.8	52.6	50.0	41.0	55.2	34.8	38.6	50.1	37.2	50.4	39.6	43.4	39.8	52.3	49.2	55.0	49.0	44.7	50.7	52.0
BG	61.3	–	38.7	39.4	39.6	34.5	46.9	25.5	26.7	42.4	22.0	43.5	29.3	29.1	25.9	44.9	35.1	45.9	36.8	34.1	34.1	39.9
DE	53.6	26.3	–	35.4	43.1	32.8	47.1	26.7	29.5	39.4	27.6	42.7	27.6	30.3	19.8	50.2	30.2	44.1	30.7	29.4	31.4	41.2
CS	58.4	32.0	42.6	–	43.6	34.6	48.9	30.7	30.5	41.6	27.4	44.3	34.5	35.8	26.3	46.5	39.2	45.7	36.5	43.6	41.3	42.9
DA	57.6	28.7	44.1	35.7	–	34.3	47.5	27.8	31.6	41.3	24.2	43.8	29.7	32.9	21.1	48.5	34.3	45.4	33.9	33.0	36.2	47.2
EL	59.5	32.4	43.1	37.7	44.5	–	54.0	26.5	29.0	48.3	23.7	49.6	29.0	32.6	23.8	48.9	34.2	52.5	37.2	33.1	36.3	43.3
ES	60.0	31.1	42.7	37.5	44.4	39.4	–	25.4	28.5	51.3	24.0	51.7	26.8	30.5	24.6	48.8	33.9	57.3	38.1	31.7	33.9	43.7
ET	52.0	24.6	37.3	35.2	37.8	28.2	40.4	–	37.7	33.4	30.9	37.0	35.0	36.9	20.5	41.3	32.0	37.8	28.0	30.6	32.9	37.3
FI	49.3	23.2	36.0	32.0	37.9	27.2	39.7	34.9	–	29.5	27.2	36.6	30.5	32.5	19.4	40.6	28.8	37.5	26.5	27.3	28.2	37.6
FR	64.0	34.5	45.1	39.5	47.4	42.8	60.9	26.7	30.0	–	25.5	56.1	28.3	31.9	25.3	51.6	35.7	61.0	43.8	33.1	35.6	45.8
HU	48.0	24.7	34.3	30.0	33.0	25.5	34.1	29.6	29.4	30.7	–	33.5	29.6	31.9	18.1	36.1	29.8	34.2	25.7	25.6	28.2	30.5
IT	61.0	32.1	44.3	38.9	45.8	40.6	26.9	25.0	29.7	52.7	24.2	–	29.4	32.6	24.6	50.5	35.2	56.5	39.3	32.5	34.7	44.3
LT	51.8	27.6	33.9	37.0	36.8	26.5	21.1	34.2	32.0	34.4	28.5	36.8	–	40.1	22.2	38.1	31.6	31.6	29.3	31.8	35.3	35.3
LV	54.0	29.1	35.0	37.8	38.5	29.7	8.0	34.2	32.4	35.6	29.3	38.9	38.4	–	23.3	41.5	34.4	39.6	31.0	33.3	37.1	38.0
MT	72.1	32.2	37.2	37.9	38.9	33.7	48.7	26.9	25.8	42.4	22.4	43.7	30.2	33.2	–	44.0	37.1	45.9	38.9	35.8	40.0	41.6
NL	56.9	29.3	46.9	37.0	45.4	35.3	49.7	27.5	29.8	43.4	25.3	44.5	28.6	31.7	22.0	–	32.0	47.7	33.0	30.1	34.6	43.6
PL	60.8	31.5	40.2	44.2	42.1	34.2	46.2	29.2	29.0	40.0	24.5	43.2	33.2	35.6	27.9	44.8	–	44.1	38.2	38.2	39.8	42.1
PT	60.7	31.4	42.9	38.4	42.8	40.2	60.7	26.4	29.2	53.2	23.8	52.8	28.0	31.5	24.8	49.3	34.5	–	39.4	32.1	34.4	43.9
RO	60.8	33.1	38.5	37.8	40.3	35.6	50.4	24.6	26.2	46.5	25.0	44.8	28.4	29.9	28.7	43.0	35.8	48.5	–	31.5	35.1	39.4
SK	60.8	32.6	39.4	48.1	41.0	33.3	46.2	29.8	28.4	39.4	27.4	41.8	33.8	36.7	28.5	44.4	39.0	43.3	35.3	–	42.6	41.8
SL	61.0	33.1	37.9	43.5	42.6	34.0	47.0	31.1	28.8	38.2	25.7	42.3	34.6	37.3	30.0	45.9	38.2	44.1	35.8	38.9	–	42.7
SV	58.5	26.9	41.0	35.6	46.6	33.3	46.6	27.4	30.9	38.9	22.7	42.0	28.2	31.0	23.7	45.6	32.2	44.2	32.7	31.3	33.5	–

7: Tradução automática entre 22 línguas oficiais da UE [44]

para frases mais longas, por exemplo, com mais de doze palavras, os resultados estão longe de serem perfeitos.

Apesar de haver uma investigação significativa nesta área da tecnologia, os sistemas híbridos têm sido, até agora, menos bem sucedidos em termos comerciais do que em termos de investigação.

Há ainda um grande potencial para se melhorar a qualidade dos sistemas de tradução automática. De entre os desafios existentes, destacam-se a adaptação dos recursos linguísticos a domínios ou áreas de utilização específicos, e a sua integração em sistemas que já têm bases de dados terminológicas e memórias para tradução. Além disso, a maioria dos atuais sistemas é direcionada para o inglês, havendo poucos sistemas para a tradução entre pares de línguas de e para o português.

A qualidade dos sistemas de tradução automática costuma ser avaliada através de campanhas de avaliação, que permitem a comparação do desempenho dos sistemas perante diferentes metodologias e diferentes línguas. O quadro da Figura 7 foi preparado no âmbito do projeto Euromatrix+, apoiado pela Comissão Europeia. Mostra o resultado de uma campanha de avaliação para o desempenho de um mesmo sistema de tradução automática baseado em estatística, o MOSES, na tradução entre os pares de línguas obtidos para 22 das 23 línguas oficiais da União Europeia (com exceção do irlandês). Os resultados estão ordenados de acordo com a classificação BLEU, que atribui as pontuações mais elevadas às melhores traduções [45]. Um tradutor humano conseguirá, em regra, uma avaliação de cerca de 80 pontos.

Os melhores resultados (a azul e a verde) foram obtidos tanto para línguas que têm beneficiado de consideráveis esforços de investigação, apoiados por programas de financiamento à Investigação e Desenvolvimento, como da existência de corpora paralelos – como é o caso, por exemplo, das línguas inglesa, francesa, neerlandesa, espanhola ou alemã. Os piores resultados (a vermelho) dizem respeito a línguas que não beneficiaram de esforços semelhantes ou que estão em pares de tradução com línguas de famílias linguísticas muito diferentes.

4.3 OUTRAS ÁREAS DE APLICAÇÃO

A construção de aplicações na área da tecnologia da linguagem envolve uma série de tarefas que nem sempre são diretamente percetíveis ao nível da interação com o utilizador mas que asseguram funcionalidades significativas nos "bastidores" dos sistemas em questão. Essas tarefas e suas funcionalidades têm constituído tópicos cruciais de investigação, tendo-se tornado subáreas autónomas da tecnologia da linguagem.

> As aplicações de tecnologia da linguagem asseguram funcionalidades-chave nos "bastidores" de sistemas mais amplos.

Os sistemas de resposta a perguntas, por exemplo, tornaram-se numa das áreas de investigação mais ativas, tendo levado à construção de corpora anotados e ao estabelecimento de competições científicas específicas. O objetivo é passar de uma busca baseada em palavras-chave (à qual o motor de busca deve responder com um conjunto de documentos potencialmente relevantes) para o cenário em que o utilizador coloca uma questão concreta e o sistema produz uma única resposta, como no seguinte exemplo:

Pergunta: *Com que idade Neil Armstrong pisou a Lua?*

Resposta: *38 anos.*

Estando esta área relacionada com o que foi acima referido sobre a busca na web, ela tem porém agrupado uma série de tópicos de investigação específicos, como por exemplo: que tipos de perguntas existem e como é que devem ser tratados; como é que os documentos que podem conter a resposta devem ser analisados e comparados (será que fornecem respostas contraditórias?); que nível de confiança atribuir a uma informação específica extraída (a resposta) levando em consideração o contexto, etc.

As questões acima colocadas estão, por sua vez, relacionadas com a tarefa de extração de informação, uma área que foi muito popular e influente no deslocamento espistemológico do início dos anos 90 em direção à exploração de métodos estatísticos.

A extração de informação tem como objetivo identificar conteúdos específicos de informação em determinado tipos de documentos. Por exemplo, pode consistir em identificar os agentes principais na aquisição de uma dada empresa, tal como esta aquisição é relatada nos jornais. Uma outra aplicação, por exemplo, diz respeito a relatórios sobre incidentes terroristas, em que o objetivo consiste no mapeamento de partes de textos em partes de uma ficha de informação (*information template*) que registam, por exemplo, a informação sobre o agressor, o alvo, a hora, o local e os resultados do incidente. O preenchimento de fichas de informação relativas a domínios específicos é pois a característica central da extração de informação, o que faz dela mais um caso de tecnologia da linguagem a funcionar nos "bastidores" e uma das subáreas da tecnologia da linguagem.

A sumarização e a geração automática de textos, por sua vez, constituem outras duas áreas que podem desempenhar um papel de tecnologia de apoio nos "bastidores" ou podem funcionar como aplicações individualizadas. A sumarização consiste na tarefa de fornecer o que é essencial num texto numa sua versão mais reduzida, sendo uma das funcionalidades disponíveis, por exemplo, no MS Word. Esta aplicação funciona sobretudo com base em métodos estatísticos: identifica primeiramente palavras "importantes" num texto (que podem ser, por exemplo, aquelas que apresentam uma frequência elevada nesse texto mas que são muito menos frequentes no uso geral que os falantes fazem da língua) e em seguida seleciona as frases que contêm essas palavras "importantes". Estas frases são então marcadas no documento, ou extraídas, e é a partir delas que se irá construir o resumo. Neste cenário, que é de longe o mais aplicado, a sumarização corresponde ao processo de extração de frases: o texto é reduzido a um subconjunto das suas frases. Todas as aplicações comerciais de sumarização automática de textos funcionam deste modo.

Uma abordagem alternativa, que tem estado a ser investigada, consiste em sintetizar efetivamente frases novas que não ocorrem no texto de origem. Esta tarefa exige uma compreensão mais aprofundada do texto e por isso tem permitido até agora soluções menos robustas. Cabe notar que um gerador automático de texto deste género não representa, em regra, uma aplicação individual, encontrando-se embebido numa aplicação mais vasta, como é o caso dos sistemas de informação hospitalares, nos quais os dados dos doentes são recolhidos, armazenados e processados. A geração automática de relatórios será apenas uma das suas muitas funcionalidades.

Nestas áreas, a investigação tem recaído muito menos sobre a língua portuguesa do que sobre outras línguas, sobretudo a língua inglesa, em relação à qual sistemas de resposta a perguntas, de extração de informação e de sumarização automática têm sido objeto, desde a década de 90, de inúmeros concursos para atribuição de financiamento à Investigação e Desenvolvimento, como os organizados pela DARPA/NIST, nos Estados Unidos. Este apoio tem contribuído significativamente para o avanço do estado da arte em tecnologia da linguagem, focado porém no inglês.

A língua portuguesa, tal como muitas outras línguas, não tem recebido apoio suficiente para poder ser processada ao nível do estado da arte, e muito menos para que o seu estudo possa oferecer uma maior contribuição para o avanço da fronteira do conhecimento neste domínio científico e tecnológico.

A investigação e as aplicações desenvolvidas estão esmagadoramente direcionadas para o inglês. Sendo os resultados iniciais obtidos para o português promissores, a investigação referente à língua portuguesa carece de um impulso decidido para ser continuada e aprofundada.

Nos laboratórios de investigação foram desenvolvidos protótipos de sistemas de resposta a perguntas para o português, como por exemplo o XisQuê [46], da Universidade de Lisboa, que procura as respostas para as perguntas na web dos textos em língua portuguesa (disponível para demonstração em http://xisque.di.fc.ul.pt). Sendo os resultados promissores, a investigação referente à lingua portuguesa carece porém de ser continuada e aprofundada.

Quanto aos sistemas de sumarização automática, aqueles que utilizam apenas métodos estatísticos são, em grande medida, independentes da língua e neste caso, encontram-se disponíveis alguns protótipos de sumarizadores para o português, como por exemplo, o GistSum, da Universidade de São Paulo.

No que respeita à geração automática de texto, existem componentes reutilizáveis cujo uso tem sido tradicionalmente limitado à construção de módulos que geram estruturas de superfície (as gramáticas de geração). Mas também aqui as aplicações desenvolvidas estão esmagadoramente direcionadas para o inglês, não havendo nesta área ferramentas disponíveis para o português.

4.4 FORMAÇÃO ACADÉMICA

A tecnologia da linguagem é uma área altamente interdisciplinar que envolve a combinação das competências de informáticos, linguistas, matemáticos, filósofos e psicolinguistas, entre outros.

Em Portugal, a área da tecnologia da linguagem tem vindo a ser promovida em várias universidades quer em termos de investigação quer em termos educativos, em cursos de licenciatura, mestrado e doutoramento. No Ensino Superior há uma oferta razoável nesta área, encontrando-se as disciplinas relevantes integradas em cursos oferecidos por Departamentos de Informática ou de Ciências da Linguagem.

Na Universidade de Lisboa, a par de diversas disciplinas em diferentes níveis de ensino, (incluídas num minor em Processamento de Linguagem Natural, no mestrado e no doutoramento em Engenharia Informática e nos programas de mestrado e doutoramento em Ciência Cognitiva), existem centros de investigação dedicados à tecnologia da linguagem. O Departamento de Informática, da Faculdade de Ciências, acolhe uma unidade dedicada ao processamento computacional do português (o grupo NLX), que entre várias outras atividades, assegura o LX-Center [47], um centro online de serviços de processamento linguístico e de demonstração da tecnologia da linguagem, e coordena um dos quatro projectos europeus da Rede de Excelência META-NET. O Centro de Linguística (CLUL), da Faculdade de Letras, conta com uma longa tradição na produção de recursos linguísticos – quer a nível do português padrão, quer a nível dialetal ou mesmo da história da língua –, tendo construído um corpus de grande escala, de que resultou o desenvolvimento de outros recursos mais específicos, disponíveis online.

O Instituto Superior Técnico (IST), em Lisboa, além de oferecer cursos em tecnologia da linguagem, também assegura um programa de doutoramento em Ciências da Computação em colaboração com outras universidades portuguesas e com a Carnegie Mellon University. O INESC-ID é uma instituição de investigação associada ao IST e o seu Laboratório de Sistemas de Língua Falada (L2f) é um centro líder na produção de sistemas de reconhecimento e síntese da fala.

A Universidade Nova de Lisboa tem também cursos e unidades de investigação activas neste campo da tecnologia da linguagem, nomeadamente o Centro de Investigação em Tecnologias de Informação (CITI) e o Centro de Linguística (CLUNL).

Ainda em Lisboa, existe o Instituto de Linguística Teórica e Computacional (ILTEC), que foi criado para albergar o projecto EUROTRA.

Na Universidade do Porto, dois centros têm feito trabalho em ciência e tecnologia da linguagem natural, nomeadamente o Laboratório de Inteligência Artificial e Ciência de Computadores (LIACC) e o Centro de Linguística (CLUP).

A actividade neste campo de forma alguma se restringe às duas maiores cidades, Lisboa e Porto. No resto do país, existem várias outras universidades que oferecem também cursos na área da ciência e tecnologia da linguagem e que acolhem centros de investigação.

É o caso do Centro de Investigação em Tecnologias da Informação (CITI-UE), na Universidade de Évora.

Na Universidade de Coimbra, destacam-se o Centro de Estudos de Linguística Geral e Aplicada (CELGA) e o Instituto de Telecomunicações (IT).

Cabe indicar igualmente o Centro de Tecnologia da Linguagem Humana e Bioinformática (HULTIG), na Universidade da Beira Interior, assim como o Centro de Estudos Humanísticos (CEHUM), na Universidade do Minho.

A Universidade do Algarve tem cooperado com o programa europeu Erasmus na realização de um mestrado na área do Processamento de Linguagem Natural.

A tecnologia da linguagem tem vindo a ser promovida em várias universidades quer em termos de investigação que em termos educacionais.

No Brasil, tem-se assistido igualmente a uma atividade considerável na área da tecnologia da linguagem, tanto no ensino como na investigação, que se concentra sobretudo nas áreas Sul e Sudeste do país, com particular destaque para as áreas urbanas de São Paulo, Porto Alegre e Rio de Janeiro. Os cursos têm sido ministrados mais a nível de pós-graduações (mestrados e doutoramentos) do que de licenciatura. Recentemente, foi elaborado o Programa Nacional de Pós-Graduação 2011-2020, com que se procura reforçar o interesse pela investigação inter e multidisciplinar.

Nos outros países de língua portuguesa, a área da tecnologia da linguagem apresenta pouco ou nenhum desenvolvimento, sendo que a recolha de dados e o desenvolvimento de recursos e ferramentas orientados para as outras variedades do português têm sido realizados principalmente pelos centros de investigação em Portugal.

4.5 PROJETOS E INICIATIVAS

Em Portugal, a atividade na área da tecnologia da linguagem tem sido sustentada por iniciativas, projetos e programas de investigação levados a cabo nas últimas décadas. Para efeitos ilustrativos, nesta seção referiremos apenas alguns.

Um dos primeiros e mais importantes programas nesta área foi o EUROTRA, um ambicioso programa sobre tradução automática criado e financiado pela Comissão Europeia desde o final dos anos 70 até 1994. Portugal entrou neste programa em 1986 através do ILTEC, criado especificamente para este propósito e contando com investigadores sobretudo das Universidades de Lisboa e do Porto. Este programa teve um impacto duradouro a nível europeu. Constituiu um impulso decisivo para a prossecução de atividades no âmbito da tecnologia da linguagem em Portugal e para o surgimento e consolidação de uma comunidade de investigadores nesta área no país. O projeto LE-PAROLE, desenvolvido no final dos anos 90, com a participação do CLUL e do INESC-ID, foi outro projeto-chave europeu na área da tecnologia da linguagem que envolveu a língua portuguesa. Dos seus resultados, destaca-se a construção de corpora e léxicos de acordo com modelos integrados de constituição e descrição de materiais, o que permite estabelecer ligações multilingues e dar apoio a um grande número de aplicações. Para cada língua, foi construído um corpus de 20 milhões de palavras, comparável no que respeita à composição e codificação, que incluiu um subcorpus anotado de 250 mil palavras. Foi também constituído um léxico para cada língua, incluindo o português, composto por 20 mil entradas, com informação sintática e morfológica.

Parte deste corpus foi alargado e enriquecido no projeto TagShare, levado a efeito na Universidade de Lisboa pelo Departamento de Informática (NLX) e pelo Centro de Linguística (CLUL), em 2005. Este projeto desenvolveu um conjunto de recursos linguísticos e de ferramentas que permitem melhorar o processamento computacional do português. Obteve-se um corpus de 1 milhão de palavras linguisticamente anotadas e manualmente revistas por especialistas – o corpus CINTIL [48] –, assim como todo um conjunto de ferramentas para segmentação, anotação de categoria morfossintática, flexão, lematização, reconhecimento de unidades lexicais multipalavra, reconhecimento de expressões nomeadoras de entidades, etc. Os esquemas de anotação desenvolvidos no âmbito deste projecto tornaram-se num padrão de facto para o português no campo da tecnologia da linguagem, sendo utilizados, por exemplo, no Corpus de Referência do Português Contemporâneo (CRPC). Estes resultados foram subsequentemente alargados através de um outro projecto, o SemanticShare, em que se deu início à construção de um treebank, ou seja, à anotação do corpus com a representação sintática das frases.

Lançado em 2000, o Corpus de Extratos de Textos Eletrónicos MCT/Público (CETEMPúblico) é, por sua vez, um corpus com cerca de 180 milhões de palavras provenientes de textos de um jornal diário português. A criação deste corpus teve como objetivo dar apoio ao desenvolvimento de ferramentas de processamento do português que necessitam de textos "em bruto" (i. e. sem anotação linguística) para a sua construção e avaliação. Este corpus foi criado no âmbito do projeto Processamento Computacional do Português, ao abrigo de um protocolo entre o Ministério da Ciência, Tecnologia e Ensino Superior e o jornal Público. Posteriormente, este projeto evoluiu para a Linguateca [49], um projeto de longo prazo para a tecnologia da linguagem do português.

Também em 2000, a tradução automática viria a ser o foco de um outro projecto apoiado pela Comissão Europeia, o TRADAUT, dirigido pela Universidade Nova de Lisboa. Este projecto teve por objectivo a melhoria da aplicação de tradução automática usada pelos serviços da Comissão Europeia para os pares de tradução entre o português, por um lado, e o inglês e o francês, por outro.

No campo do processamento de fala, cabe destaque para o projeto TECNOVOZ, iniciado em 2006. Este projeto foi liderado pelo INESC-ID e teve como objetivo principal favorecer a transferência de tecnologia para o setor empresarial, contando entre os seus parceiros com empresas como a estação de televisão pública RTP, entre outros. No setor empresarial, importa destacar a presença em Portugal, desde 2005, do Microsoft Language Development Center (MLDC), que tem igualmente contribuído para o desenvolvimento da indústria da tecnologia da linguagem no país.

Mais recentemente, instituições portuguesas e brasileiras têm participado no projeto CLARIN, que tem como objetivo a criação de uma infraestrutura de investigação europeia para a linguagem natural.

No Brasil, têm sido igualmente realizados esforços significativos em termos de investigação sobre tecnologia da linguagem para o português.

Como exemplos, pode referir-se a criação do Banco de Português no âmbito do projeto DIRECT, no início dos anos 90, pela Pontifícia Universidade Católica de São Paulo. Desde a sua criação, o Banco de Português tem sido uma importante fonte de dados para diversos estudos baseados em corpora.

Vale a pena referir também o corpus Summ-it, construído para dar apoio a estudos sobre sumarização automática, fenómenos anafóricos e relações retóricas no português. Este recurso foi desenvolvido no âmbito do projeto PLN-BR, do Núcleo Interinstitucional de Lingüística Computacional (NILC), levado a cabo pela Universidade de São Paulo e por um conjunto de investigadores de outras sete instituições brasileiras, em que foram produzidos uma série de outros corpora.

Mais recentemente, no período de 2006-2010, foi levado a efeito o projeto FAROL, liderado pela Universidade Pontifícia Católica do Rio Grande do Sul, que integrava quatro equipas de investigação. O objetivo principal deste projeto foi o reforço das ligações entre as diversas equipas, promovendo o intercâmbio entre estudantes e investigadores, de forma a melhorar a qualidade da investigação na área do processamento da linguagem natural.

A par de programas e projetos de investigação quer no Brasil quer em Portugal, cabe destacar o PROPOR enquanto principal iniciativa aglutinadora de uma crescente comunidade internacional de investigadores que trabalha sobre o português. O PROPOR é a conferência científica internacional de referência para o processamento computacional da língua portuguesa. É uma conferência bienal que desde 1993 tem lugar alternadamente nos dois países.

Estes são apenas alguns exemplos de iniciativas, projetos e programas na área da tecnologia da linguagem para a língua portuguesa. Representam um avanço importante. Existe ainda, porém, uma grande distância no que respeita à muito maior atividade de investigação sobre outras línguas mais estudadas e para as quais o desenvolvimento de recursos linguísticos e tecnológicos se encontra muito mais avançado.

Comparado com o nível de financiamento para a tecnologia da linguagem não só para o inglês, mas também para idiomas até de bastante menor projeção global que a língua portuguesa, o apoio para a tecnologia da linguagem para o português é ainda muito baixo.

Em Portugal, o financiamento vem sobretudo do Ministério da Ciência, Tecnologia e Ensino Superior, através da Fundação para a Ciência e a Tecnologia (FCT). No entanto, a obtenção de apoios para projetos em tecnologia da linguagem tornou-se particularmente difícil, se não mesmo impossível, uma vez que as propostas de projetos nesta área são submetidas e avaliadas não na seção de Informática ou na de Ciências da Linguagem, mas na seção de Engenharia Eletrotécnica, em que têm de competir com centenas de propostas de projetos sobre assuntos completamente ortogonais e enfrentar um júri desconectado da área e dos seu temas.

Além da FCT, a Fundação Calouste Gulbenkian também financia, ocasionalmente, projetos na área da tecnologia da linguagem.

Comparado com o nível de financiamento para a tecnologia da linguagem não só para o inglês, mas inclusive para idiomas de bastante menor projeção global que a língua portuguesa, o apoio para a investigação sobre o português é ainda muito baixo.

No Brasil, embora ainda seja limitado, o financiamento para a investigação em geral, e para as atividades em tecnologia da linguagem em particular, vem sobretudo de agências governamentais. O Conselho Nacional de Desenvolvimento Científico e Tecnológico (CNPq), a Fundação de Amparo à Pesquisa do Estado de São Paulo (FAPESP), a Coordenação de Aperfeiçoamento de Pessoal de Nível Superior (CAPES) e a Financiadora de Estudos e Projetos (FINEP) são as quatro principais instituições de financiamento no país.

Algumas destas agências participaram inclusivamente em programas de financiamento conjunto com algumas empresas. Por exemplo, a FAPESP e o Microsoft Research Center formaram recentemente uma parceria para o financiamento de projetos socialmente relevantes no Estado de São Paulo, que incluiu, entre outros, o PorSimples [50], um projeto na área da tecnologia da linguagem que tem como objetivo a simplificação de textos de português para auxiliar leitores pouco alfabetizados a compreender textos da internet.

4.6 DISPONIBILIDADE DE FERRAMENTAS E RECURSOS

Nesta seção, é apresentado um resumo do estado atual da tecnologia da linguagem para o português. A Figura 8 contém o resultado de uma apreciação levada a efeito por especialistas na área quanto ao estado de desenvolvimento de recursos linguísticos e ferramentas de processamento para a língua portuguesa, com base numa escala de 0 (muito baixo) a 6 (muito alto) e de acordo com os sete critérios que encabeçam as colunas da figura.

Estes resultados devem ser apreciados no seguinte enquadramento:

- Apesar de haver sub-áreas muito ativas neste campo, em termos de tecnologia da linguagem, o português é um idioma menos bem equipado sobretudo quando comparado com línguas de países com uma aposta muito forte nesta tecnologia, como por exemplo, o inglês, o alemão ou o neerlandês;
- Foram compilados dois grandes corpora de texto "em bruto" para o português, sendo que um é pouco representativo, uma vez que abrange apenas um tipo de texto (jornalístico), e o outro não está totalmente disponível, devido a restrições de direitos de autor;

	Quantidade	Disponibilidade	Qualidade	Cobertura	Maturidade	Sustentabilidade	Adaptabilidade
Tecnologia da Linguagem: Ferramentas de Processamento e Aplicações							
Reconhecimento da Fala	2	3	4	2	2	2	4
Síntese da Fala	3	3	4	4	4	3	4
Análise Gramatical	3	3	4	4	4.5	2.5	4.5
Análise Semântica	1.5	2	3	2	2.5	2.5	2.5
Geração de Linguagem	0	0	0	0	0	0	0
Tradução Automática	3	2	2	2	4	2	2
Recursos Linguísticos: Conjuntos de Dados e Bases de Conhecimento Linguístico							
Corpora Escritos	3	3	4	4.5	4	4.5	4.5
Corpora de Fala	4	2	4	4	4	3	3
Corpora Paralelos	2	4	2	2	2	3	3
Recursos Lexicais	3.5	3	4.5	3	4	3	3
Gramáticas	1	4	5	2	2	2	2

8: Estado de desenvolvimento da tecnologia da linguagem para o português

- Está disponível um corpus anotado de 1 milhão de palavras, juntamente com o respetivo etiquetador morfossintático e outras ferramentas de processamento de base morfológica. Para as variedades do português menos estudadas, têm estado a ser construídos corpora nos últimos anos, que precisam porém de receber mais atenção;

- Em relação à tecnologia da fala, há um conjunto de sistemas comerciais para as variedades europeia e brasileira do português (reconhecimento da fala, síntese da fala e gestão de diálogo), e embora as equipas em Portugal e no Brasil sejam dinâmicas nesta área, as ferramentas e os corpora anotados não se encontram disponíveis, estando em regra reservados para uso interno dos laboratórios;

- É necessário bastante mais trabalho no desenvolvimento de recursos lexicais de todo o tipo, incluindo a criação de ontologias e a expansão de léxicos e wordnets, actualmente de volume muito reduzido;

- Não existem ainda corpora anotados com informação sobre semântica lexical, o que origina um preocupante entrave à investigação sobre desambiguação de aceção de palavras em português, assim como ao desenvolvimento de ferramentas associadas;

- Enquanto alguns corpora têm anotação morfossintática e outros tipos de informação morfológica, os corpora com anotação sintática (treebanks) são mais raros e de tamanho muito reduzido. Com base nestes recursos, têm sido desenvolvidos alguns analisadores sintáticos, que precisam porém de ser aprofundados. É necessário por isso bastante mais trabalho na construção de treebanks e no desenvolvimento de ferramentas de análise sintática.

- Quanto mais conhecimento linguístico e semântico uma ferramenta tomar em consideração, mais lacunas existem (ver, por exemplo, recuperação de informação vs. semântica do texto): é preciso aplicar mais esforço de Investigação e Desenvolvimento no processamento linguístico profundo, incluindo a construção de gramáticas computacionais para o português;
- As ferramentas de análise do texto e do discurso são poucas e foram alvo até agora de um desenvolvimento apenas parcial;
- Situação similar ou pior se encontra no que diz respeito a outras ferramentas ou aplicações de mais alto nível, como por exemplo, os sistemas de sumarização ou de resposta a perguntas, entre várias outras;
- Os corpora paralelos para tradução automática que incluem o português são, sobretudo, os disponibilizados por iniciativas desenvolvidas pela UE e, consequentemente, são muito limitados quanto ao domínio a que dizem respeito (e. g. texto jurídico).

Estes resultados da avaliação do estado de desenvolvimento da tecnologia da linguagem para o português apontam claramente para a necessidade premente de concentrar mais esforços quer na criação de recursos linguísticos quer na investigação de ferramentas para o processamento computacional do português e desenvolvimento de aplicações da tecnologia da linguagem.

Há uma necessidade premente de se concentrarem mais esforços quer na criação de recursos linguísticos quer na investigação e desenvolvimento de ferramentas e aplicações para o processamento computacional do português.

A falta de dados em muito maior volume e a grande complexidade dos sistemas de tecnologia da linguagem tornam igualmente indispensável a criação de novas infraestruturas de investigação que apoiem a partilha de dados e estimulem a cooperação na investigação.

4.7 COMPARAÇÃO ENTRE LÍNGUAS

O estado atual de desenvolvimento da tecnologia da linguagem varia de forma significativa em função da língua em consideração. Para se obter uma ideia da situação entre as diferentes línguas, esta seção apresenta uma avaliação que tomou como amostra duas áreas de aplicação – a tradução automática e o processamento da fala – e uma tecnologia de base – a análise de texto –, assim como recursos de base (conjuntos de dados, bases de conhecimento linguístico, etc) necessários para a criação de ferramentas e aplicações em tecnologia da linguagem.
A classificação foi levada a efeito usando a seguinte escala:

1. Apoio excelente
2. Apoio bom
3. Apoio médio
4. Apoio fragmentário
5. Pouco ou nenhum apoio

O nível de apoio em termos de tecnologia da linguagem, classificado com essa escala, foi determinado de acordo com os seguintes critérios:
Tradução automática: Qualidade da tecnologia de tradução automática existente; número de pares de línguas cobertos; cobertura de fenómenos linguísticos e de domínios textuais; qualidade e tamanho dos corpora paralelos existentes; quantidade e variedade das aplicações de tradução automática.
Análise do Texto: Qualidade e cobertura da tecnologia do texto existente (morfologia, sintaxe, semântica);

cobertura em termos de fenómenos linguísticos e de domínios; quantidade e variedade das aplicações existentes; qualidade e tamanho dos corpora anotados; qualidade e cobertura dos recursos lexicais e das gramáticas existentes.

Processamento de fala: Qualidade da tecnologia de reconhecimento de fala existente; qualidade da tecnologia de síntese de fala; cobertura em termos de domínios; número e tamanho dos corpora de fala; quantidade e variedade das aplicações baseadas em tecnologia da fala.

Recursos: Qualidade e tamanho dos corpora escritos, de fala e paralelos existentes; qualidade e cobertura dos recursos lexicais e gramáticas.

As Figuras 9 a 12 mostram que a língua portuguesa está em posições um pouco diferentes consoante as áreas de investigação.

Quando comparada com o espanhol ou o italiano, por exemplo, a língua portuguesa está bem posicionada no que respeita às ferramentas e recursos da fala. Contudo, quanto a tradução automática, análise do texto e recursos linguísticos, o português está longe de contar com a mesma cobertura que o inglês (líder em quase todas as áreas da tecnologia da linguagem) e outras línguas, como por exemplo, o neerlandês ou o alemão, etc. Cabe porém não perder de vista que, até para o inglês, há ainda muitas lacunas, sobretudo no que diz respeito às aplicações de mais alto nível.

No caso do processamento da fala, a tecnologia atualmente existente tem um nível de desempenho suficiente para ser integrada em várias aplicações industriais, como os sistemas de diálogo ou de ditado.

As componentes de análise de texto e recursos linguísticos, por sua vez, já abrangem um leque considerável de fenómenos linguísticos e fazem parte de muitas aplicações que envolvem principalmente processamento superficial da linguagem natural, como por exemplo, a correção ortográfica ou as aplicações de apoio ao autor.

No entanto, para a construção de aplicações mais sofisticadas, como a tradução automática, os sistemas de resposta a perguntas, a sumarização, etc, existe uma clara necessidade de bastantes mais recursos e ferramentas, em quantidade e qualidade, que cubram uma mais ampla gama de aspetos linguísticos e que permitam uma análise mais profunda dos textos.

Ao melhorar a qualidade e a cobertura destes recursos e tecnologias de base, estar-se-á a criar novas oportunidades para aperfeiçoar um vasto leque de áreas de aplicação avançadas, incluindo a tradução automática abrangente e de alta qualidade.

4.8 CONCLUSÕES

Os resultados reunidos nesta coleção de Livros Brancos mostram que existem enormes diferenças entre as línguas europeias quanto à tecnologia da linguagem. Embora algumas línguas e áreas de aplicação estejam equipadas com software e recursos linguísticos em quantidade e qualidade, para outras línguas e aplicações, encontram-se várias lacunas, que em alguns casos podem ser muito significativas. Muitas línguas não estão ainda equipadas com a tecnologia básica para a análise de texto nem com os recursos linguísticos essenciais para o desenvolvimento dessa tecnologia. Outras línguas terão essas ferramentas e recursos básicos, mas a implementação de níveis de processamento mais avançados ainda se encontra a alguma distância. Nesta medida, é preciso realizar um esforço em grande escala para se alcançar o objetivo ambicioso de se assegurar tecnologia da linguagem de alta qualidade para todas as línguas, com especial destaque para a tradução automática de muito maior fiabilidade.

No caso do português, o apoio da tecnologia da linguagem para esta língua tem vindo a melhorar gradualmente, mas é necessário garantir o incremento estratégico do esforço aplicado nesta área para se vir a alcançar um patamar de desenvolvimento sustentado. Há uma boa comunidade de centros de investigação, tanto em Portugal como no Brasil, que cooperam ativamente entre si e que, de momento, têm capacidade instalada para fazer avançar a tecnologia da linguagem para a língua portuguesa.

São porém necessárias medidas imediatas para que se possam obter progressos importantes para o português e assegurar a sua posição como língua de comunicação internacional com projeção global.

São necessárias medidas imediatas para que se possam obter progressos importantes para a língua portuguesa e assegurar a sua posição como língua de comunicação internacional com projeção global.

Tem-se registado uma falta de continuidade no financiamento da Investigação e Desenvolvimento. Programas de curta duração tendem a alternar com períodos de financiamento escasso ou mesmo nulo. A par disso, verifica-se ainda a conveniência de uma melhor coordenação de programas de investigação entre países, da Europa e de outros continentes, ou de articulação desses programas com programas da Comissão Europeia.

Os resultados deste livro apontam no sentido de que a única via de progresso consiste em se realizar um esforço substancial para se criarem recursos linguísticos para o português que permitam, por sua vez, impulsionar e fomentar a investigação, a inovação e o desenvolvimento de ferramentas e aplicações da tecnologia da linguagem.

A necessidade de grandes volumes de dados e a extrema complexidade dos sistemas da tecnologia da linguagem tornam também cruciais o desenvolvimento de uma infraestrutura e de uma organização de investigação mais coerente, que fomentem uma maior cooperação e partilha de resultados.

Apoio excelente	Apoio bom	Apoio médio	Apoio fragmentário	Pouco/nenhum apoio
	Inglês	Francês Espanhol	Alemão Catalão Húngaro Italiano Neerlandês Polaco Romeno	Basco Búlgaro Checo Croata Dinamarquês Eslovaco Esloveno Estónio Finlandês Galego Grego Irlandês Islandês Letão Lituano Maltês Norueguês **Português** Sérvio Sueco

9: Tradução Automática: estado da tecnologia da linguagem para 30 línguas europeias

Apoio excelente	Apoio bom	Apoio médio	Apoio fragmentário	Pouco/nenhum apoio
	Inglês	Alemão Espanhol Francês Italiano Neerlandês	Basco Búlgaro Catalão Checo Dinamarquês Eslovaco Esloveno Finlandês Galego Grego Húngaro Norueguês Polaco **Português** Romeno Sueco	Croata Estónio Irlandês Islandês Letão Lituano Maltês Sérvio

10: Análise do Texto: estado da tecnologia da linguagem para 30 línguas europeias

Apoio excelente	Apoio bom	Apoio médio	Apoio fragmentário	Pouco/nenhum apoio
	Inglês	Alemão Checo Espanhol Finlandês Francês Italiano Neerlandês **Português**	Basco Búlgaro Catalão Dinamarquês Eslovaco Esloveno Estónio Galego Grego Húngaro Irlandês Norueguês Polaco Sérvio Sueco	Croata Islandês Letão Lituano Maltês Romeno

11: Processamento da Fala: estado da tecnologia da linguagem para 30 línguas europeias

Apoio excelente	Apoio bom	Apoio médio	Apoio fragmentário	Pouco/Nenhum apoio
	Inglês	Alemão Checo Espanhol Francês Húngaro Italiano Neerlandês Polaco Sueco	Basco Búlgaro Catalão Croata Dinamarquês Eslovaco Esloveno Estónio Finlandês Galego Grego Norueguês **Português** Romeno Sérvio	Irlandês Islandês Letão Lituano Maltês

12: Recursos linguísticos escritos e orais: estado da tecnologia da linguagem para 30 línguas europeias

SOBRE A META-NET

A **META-NET** é uma Rede de Excelência para a investigação científica parcialmente financiada pela Comissão Europeia. A rede abrange atualmente 54 centros de investigação em 33 países da Europa. Resulta da agregação de quatro projetos europeus: CESAR, METANET4U, META-NORD e T4ME. O projeto METANET4U é coordenado pela Faculdade de Ciências da Universidade de Lisboa.

A META-NET promove a **META**, a Multilingual Europe Technology Alliance (Aliança Europeia para a Tecnologia Multilingue), uma comunidade com um número crescente de profissionais e de organizações da tecnologia da linguagem na Europa. A META-NET procura fazer avançar as fundações tecnológicas para uma sociedade europeia de informação verdadeiramente multilingue que:

- torne possíveis a comunicação e a cooperação usando-se línguas diferentes;
- assegure a todos os europeus o acesso à informação e ao conhecimento em igualdade de circunstâncias, independentemente da sua língua;
- desenvolva e melhore as funcionalidades da tecnologia de informação conetada em rede.

Esta Rede de Excelência contribui para o desenvolvimento de uma Europa que se une em torno de um espaço de informação digital único. Estimula e promove tecnologias multilingues para todas as línguas europeias. Estas tecnologias apoiam a tradução automática, a produção de conteúdos, o processamento de informação e a gestão do conhecimento para um amplo leque de domínios e aplicações. Tornam também possíveis interfaces intuitivas baseadas em linguagem que permitem a interação com os mais diversos dispositivos, que abrangem desde os eletrodomésticos até maquinaria e veículos, incluindo, entre vários outros, computadores e robôs.

Lançada a 1 de fevereiro de 2010, a META-NET já realizou várias atividades nas suas três linhas de ação: META-VISION, META-SHARE e META-RESEARCH.

A **META-VISION** promove uma comunidade dinâmica e influente de atores que se unem em torno de uma perspetiva partilhada e de uma Agenda de Investigação Estratégica (AIE) comum. O enfoque principal desta linha de ação consiste no desenvolvimento, na Europa, de uma comunidade coerente e coesa que se reúne em torno da tecnologia da linguagem, juntando representantes de grupos altamente fragmentados e diversificados de atores. O presente Livro Branco foi preparado juntamente com volumes similares para outras 29 línguas. A perspetiva partilhada acerca da tecnologia foi desenvolvida em três Grupos de Perspetiva setoriais. O META Technology Council foi constituído para discutir e preparar a AIE baseada nessa perspetiva partilhada, através de uma interação intensa com toda a comunidade da tecnologia da linguagem.

A **META-SHARE** cria uma plataforma, aberta e distribuída, para a permuta e partilha de recursos linguísticos. A rede peer-to-peer de repositórios conterá dados linguísticos, ferramentas e serviços web, que são documentados com metadados de elevada qualidade e organizados em categorias padronizadas. O recursos podem ser acedidos de forma imediata e estão organizados de forma a permitir que sobre eles se efetuem pesquisas de maneira uniforme. Os recursos disponíveis incluem materiais gratuitos e de código aberto, assim como elementos restritos, de natureza comercial, que podem ser adquiridos.

A **META-RESEARCH** constrói pontes em direção a áreas tecnológicas relacionadas. Esta atividade procura estimular avanços noutros campos e tirar partido de investigação inovadora que possa beneficiar a tecnologia da linguagem. Em particular, esta linha de ação foca-se: na realização de investigação de ponta em tradução automática; na angariação de dados; na preparação de conjuntos de dados e organização de recursos linguísticos tendo em vista processos de avaliação; na compilação de inventários de ferramentas e métodos; e na organização de workshops e eventos de formação para membros da comunidade.

office@meta-net.eu – http://www.meta-net.eu

1

EXECUTIVE SUMMARY

The human language is a gateway to the world around us. It is by its daily usage that we communicate, learn, share information, plan our future, coordinate with each other to better act together, or get pleased with a story or a poem.

However, in the digital age and in a globalized world, human language is also one of the largest communicational barriers we are faced with. The new technologies of information and communication permit to reach people all over the world with whom we could communicate, and make available an endless repository of information that we could have access to. Nevertheless, for every one of us, most of this new universe keeps inaccessible and closed, locked within the invisible barriers of the languages that split it.

Europe is perhaps one of the most paradigmatic cases of the impact of linguistic barriers. During the last 60 years, it has become a distinct political and economic structure. Culturally and linguistically, it is rich and diverse. However, from Portuguese to Polish and Italian to Icelandic, everyday communication between Europe's citizens, within business or among politicians is inevitably confronted with language barriers. The European Union's institutions, in turn, spend about a billion euros a year on maintaining their policy of multilingualism, i. e., translating texts and interpreting spoken communication.

Multilingualism constitutes a most precious heritage of mankind. A digital world in which a single language would take a dominant position, and would end up replacing all other languages, would imply losing this huge immaterial wealth which makes the world, in general, and Europe, in particular, a privileged space for cultural exchanges.

It is however a fact, that we have no advantage to ignore, that linguistic diversity hampers communication in daily life. It represents an insurmountable obstacle for citizens, hampers the political debate and delays economical and scientific progress.

Language technology and linguistic research can make a significant contribution to removing these linguistic borders. Combined with intelligent devices and applications, language technology will help people to talk and do business together even if they do not speak a common language. While preserving multlingualism, it will permit to tear down the linguistic barriers that are blocking the access to knowledge, thus helping to unleash the full potential of the information society.

To achieve this goal, and preserve Europe and world's cultural and linguistic diversity, it is necessary to first carry out a systematic analysis of the linguistic particularities of different languages, and of the current state of language technology support for them. That is the goal of the present book in what concerns the Portuguese language.

The language technology and speech processing tools and applications currently available on the market – ranging from question answering systems to natural language interfaces, and including computational grammars or summarization tools, among many others –, still fall short, however, of this ambitious goal. This is specially true of automated translation, a particularly relevant technology to support multilinguality in the digital age. Already in the late 1970s, the European Union realised the profound relevance of language technology as a driver of European unity, and began funding its first research projects, such as EUROTRA. At the same time, national projects were set up that generated valuable results but never led to concerted European action. In contrast to this highly selective funding effort, other multilingual societies such as India (22 official languages) or South Africa (11 official languages) have recently set up long term national programmes for language research and technology development.

In this field, the dominant actors are primarily privately owned for profit enterprises based in Northern America. These companies today rely on imprecise statistical approaches that do not make use of deeper linguistic methods and knowledge. For example, sentences are automatically translated by comparing a new sentence against thousands of sentences previously translated by humans. The quality of the output largely depends on the amount and quality of the available sample corpus. While the automatic translation of simple sentences in languages with sufficient amounts of available text material can achieve useful results, such shallow statistical methods are doomed to fail in the case of languages with a much smaller body of sample material or in the case of sentences with little more complex structures.

This book provides a detailed analysis of this and other applications and solutions supported by language technology. As expected and as authoritatively substantiated by the volumes in this White Paper series, there are dramatic differences among the countries and their languages with respect to the available solutions and the advancement of research in terms of language technology.

Portuguese is the fifth language with the largest number of speakers in the world, with around 220 million speakers in four continents – Africa, America, Asia and Europe. From the European languages, it is the third one with the largest number of speakers in the world. Considering the new challenges raised by the information society in a globalized world, there is an urgent need to direct substantially more efforts both for the creation of language resources and for research and development of tools and applications for the computational processing of Portuguese.

The present volume provides a detailed rendering of the challenges, opportunities and needs for the Portuguese language in the digital age. One of the major conclusions drawn from the analysis undertaken in this book is that the development of language technology for Portuguese is urgent and of utmost importance for the consolidation of the Portuguese language as a language of international communication with global projection.

2

LANGUAGES AT RISK: A CHALLENGE FOR LANGUAGE TECHNOLOGY

We are witnesses to a digital revolution that is dramatically impacting communication and society. Recent developments in digital information and communication technology are sometimes compared to Gutenberg's invention of the printing press.

What can this analogy tell us about the future of the European information society and our languages in particular?

After Gutenberg's invention of press, real breakthroughs in communication and knowledge exchange were accomplished by efforts such as the translation of the Bible into vernacular languages. In subsequent centuries, cultural techniques have been developed to better handle language processing and knowledge exchange:

- the orthographic and grammatical standardisation of major languages enabled the rapid dissemination of new scientific and intellectual ideas;
- the development of official languages made it possible for citizens to communicate within certain (often political) boundaries;
- the teaching and translation of languages enabled exchanges across languages;
- the creation of editorial and bibliographic guidelines assured the quality of printed material;
- the creation of different media like newspapers, radio, television, books, and other formats satisfied different communication needs.

> We are witnessing a digital revolution whose impact has been compared to Gutenberg's invention of the printing press.

Likewise, in the past twenty years, information technology has helped to further automate and facilitate language processing and knowledge exchange:

- desktop publishing software has replaced typewriting and typesetting;
- MS PowerPoint has replaced overhead projector transparencies;
- e-mail allows documents to be sent and received more quickly than using a fax machine;
- Skype offers cheap Internet phone calls and hosts virtual meetings;
- audio and video encoding formats make it easy to exchange multimedia content;
- web search engines provide keyword based access;
- online services like Google Translate produce quick though approximate translations;
- social media platforms such as Facebook, Twitter and Google+ facilitate communication, collaboration, and information sharing.

Although these tools and applications are helpful, they are not yet capable of supporting a fully sustainable, multilingual European society in which information and goods can flow freely.

2.1 LANGUAGE BORDERS HOLD BACK THE EUROPEAN INFORMATION SOCIETY

We cannot predict exactly what the future information society will look like. But there is a strong likelihood that the revolution in communication technology is bringing people speaking different languages together in new ways. This is putting pressure on individuals to learn new languages and especially on developers to create new technology applications to ensure mutual understanding among speakers of different languages and access to shareable knowledge. In a global economic and information space, more languages, speakers and content interact more quickly with new types of media. The current popularity of social media (Wikipedia, Facebook, Twitter, YouTube, and, recently, Google+) is only the tip of the iceberg.

A global economy and information space confront us with different languages, speakers and content.

Today, we can transmit gigabytes of text around the world in a few seconds before we recognise that it is in a language we do not understand. According to a recent report from the European Commission, 57% of Internet users in Europe purchase goods and services in non-native languages (English is the most common foreign language followed by French, German and Spanish). 55% of users read content in a foreign language while only 35% use another language to write e-mails or post comments on the web [2].

A few years ago, English might have been the lingua franca of the web – the vast majority of content on the web was in English – but the situation has now drastically changed. The amount of online content in other European (as well as Asian and Middle Eastern) languages has exploded.

Surprisingly, this ubiquitous digital divide due to language borders has not gained much public attention; yet, it raises a very pressing question:

Which European languages will thrive in the networked information and knowledge society, and which are doomed to disappear?

2.2 OUR LANGUAGES AT RISK

While the printing press helped step up the exchange of information in Europe, it also led to the extinction of many European languages. Regional and minority languages were rarely printed and languages such as Cornish or Dalmatian were limited to oral forms of transmission, which in turn restricted their scope of use.

Will the Internet have the same impact on our languages?

Europe's approximately 80 languages are one of its richest and most important cultural assets, and a vital part of its unique social model [3]. While languages such as English and Spanish are likely to survive in the emerging digital marketplace, many European languages could become irrelevant in a networked society. This would weaken Europe's global standing, and run counter to the strategic goal of ensuring equal participation for every European citizen regardless of language.

The wide variety of languages in Europe is one of its richest and most important cultural assets.

According to a UNESCO report on multilingualism, languages are an essential medium for the enjoyment of fundamental rights, such as political expression, education and participation in society [4].

2.3 LANGUAGE TECHNOLOGY IS A KEY ENABLING TECHNOLOGY

In the past, investment efforts in language preservation focused on language education and translation. According to one estimate, the European market for translation, interpretation, software localisation and website globalisation was € 8.4 billion in 2008 and was expected to grow by 10% per annum [5]. Yet this figure covers just a small proportion of current and future needs in communicating between languages. The most compelling solution for ensuring the breadth and depth of language usage in Europe tomorrow is to use appropriate technology, just as we use technology to solve our transport, energy and disability needs among others.

Language technology targeting all forms of written text and spoken discourse can help people to collaborate, conduct business, share knowledge and participate in social and political debate regardless of language barriers and computer skills.

It often operates invisibly inside complex software systems to help us already today to:

- find information with a search engine;
- check spelling and grammar in a word processor;
- view product recommendations in an online shop;
- follow the spoken directions of a navigation system;
- translate web pages via an online service.

Language technology consists of a number of core applications that enable processes within a larger application framework. The purpose of the META-NET language white papers is to focus on how ready these core enabling technologies are for each European language.

Europe needs robust and affordable language technology for all European languages.

To maintain our position in the frontline of global innovation, Europe will need language technology, tailored to all European languages, that is robust and affordable and can be tightly integrated within key software environments.

Without language technology, we will not be able to achieve a really effective interactive, multimedia and multilingual user experience in the near future.

2.4 OPPORTUNITIES FOR LANGUAGE TECHNOLOGY

In the world of print, the technology breakthrough was the rapid duplication of an image of a text using a suitably powered printing press. Human beings had to do the hard work of looking up, assessing, translating, and summarising information.

Language technology can now simplify and automate the processes of translation, content production, and knowledge management. It can also empower intuitive speech based interfaces for household electronics, machinery, vehicles, computers and robots. Real world commercial and industrial applications are still in the early stages of development, yet R&D achievements are creating a genuine window of opportunity. For example, machine translation is already reasonably accurate in specific domains, and experimental applications provide multilingual information and knowledge management, as well as content production, in many European languages.

As with most technologies, the first language applications such as voice based user interfaces and dialogue systems were developed for specialised domains, and often exhibit limited performance. However, there are huge market opportunities in the education and entertainment industries for integrating language technologies into games, edutainment packages, libraries, simulation environments and training programmes. Mobile information services, computer assisted language learning software, eLearning environments, self-assessment tools and plagiarism detection software are just some of the application areas in which language technology can play an important role. The popularity of social media applications like Twitter and Facebook suggest a need for sophisticated language technologies that can monitor posts, summarise discussions, suggest opinion trends, detect emotional responses, identify copyright infringements or track misuse.

Language technology helps overcome the "disability" of linguistic diversity.

Language technology represents a tremendous opportunity for the European Union. It can help to address the complex issue of multilingualism in Europe – the fact that different languages coexist naturally in European businesses, organisations and schools. However, citizens need to communicate across the language borders of the European Common Market, and language technology can help overcome this final barrier, while supporting the free and open use of individual languages. Looking even further ahead, innovative European multilingual language technology will provide a benchmark for our global partners when they begin to support their own multilingual communities.
Language technology can be seen as a form of "assistive" technology that helps overcome the "disability" of linguistic diversity and makes language communities more accessible to each other.

2.5 CHALLENGES FACING LANGUAGE TECHNOLOGY

Although language technology has made considerable progress in the last few years, the current pace of technological progress and product innovation is too slow. Widely used technologies, such as the spelling and grammar correctors in word processors, are typically monolingual, and are only available for a handful of languages. Online machine translation services, although useful for quickly generating a reasonable approximation of a document's contents, are fraught with difficulties when highly accurate and complete translations are required.

The current pace of progress in language technology is too slow.

Due to the complexity of human language, providing for the computational modelling of our tongues and testing it in the real world is a long, costly business that requires sustained funding commitments.
Europe must therefore maintain its pioneering role in facing the technological challenges of a multiple language community by inventing new methods to accelerate development right across the map.

2.6 LANGUAGE ACQUISITION IN HUMANS AND MACHINES

To illustrate how computers handle language and why it is difficult to program them to process different tongues, let us look briefly at the way humans acquire first and second languages, and then see how language technology systems work.
Humans acquire language skills in two different ways. Babies acquire a language by linguistic interaction and by listening to the real interactions between their parents, siblings and other family members. From the age of about two, children produce their first words and short phrases. This is only possible because humans have a genetic disposition to imitate and then rationalise what they hear.

Learning a second language at an older age requires more cognitive effort, largely because the child is not immersed in a language community of native speakers. At school, foreign languages are usually acquired by learning grammatical structure, vocabulary and spelling using drills that describe linguistic knowledge in terms of abstract rules, tables and examples.

Humans acquire language skills in two different ways: learning from examples and learning the underlying language rules.

Moving now to language technology, the two main types of systems "acquire" language capabilities in a similar manner. Statistical (or data driven) approaches obtain linguistic knowledge from vast collections of concrete example texts. While it is sufficient to use text in a single language for training, say, a spell checker, parallel texts in two or more languages have to be available for training a machine translation system. The machine learning algorithm then "learns" patterns in terms of how words, short phrases and complete sentences are translated.

This statistical approach usually requires millions of sentences to boost performance quality. This is one reason why search engine providers are eager to collect as much written material as possible. Spelling correction in word processors, and services such as Google Search or Google Translate, all rely on statistical approaches. The great advantage of statistics is that the machine learns quickly in a continuous series of training cycles.

Another approach to language technology, and to machine translation in particular, is to build rule based systems. Experts in the fields of linguistics, computational linguistics and computer science first have to encode grammatical analyses (grammar rules) and compile vocabulary lists (lexicons). This is very time consuming and labour intensive. Some of the leading rule based machine translation systems have been under constant development for more than 20 years. The great advantage of rule based systems is that the experts have more detailed control over the language processing. This makes it possible to systematically correct mistakes in the software and give detailed feedback to the user, especially when rule based systems are used for language learning. However, due to the high cost of this work, rule based language technology has so far only been developed for a few major languages.

As the strengths and weaknesses of statistical and rule based systems tend to be complementary, current research focusses on hybrid approaches that combine the two methodologies. However, these approaches have so far been less successful in industrial applications than in the research lab.

The two main types of language technology systems acquire language in a similar manner as humans do.

As we have seen in this chapter, many applications widely used in today's information society rely heavily on language technology, particularly in Europe's economic and information space. Although this technology has made considerable progress in the last few years, there is still huge potential to improve the quality of language technology systems. In the next chapters, we describe the role of Portuguese in European information society and in the world, and assess the current state of language technology for the Portuguese language.

3

THE PORTUGUESE LANGUAGE IN THE INFORMATION SOCIETY

3.1 GENERAL FACTS

Portuguese is the third most spoken European language in the world, with around 220 million speakers, of which 200 million are native speakers, spread over four continents: Africa, America, Asia and Europe [6, 7]. It is the official language of Angola, Brazil, Cape Verde, East Timor, Guinea-Bissau, Macau, Mozambique, Portugal, S. Tome and Principe, and since 2010, of Equatorial Guinea.

Portuguese is the third most spoken European language in the world with around 220 millions speakers.

Due to migratory movements [8, 9], Portuguese is also spoken by communities in many countries, occupying in some of them an important position in the foreign population. That is the case, in Europe, of Luxembourg (around 25% of the population), Andorra (around 11% of the population), France, Germany, United Kingdom, Switzerland, Spain and Belgium [10].
Portuguese is an official language of the European Union, the Mercosul and the African Union. With the advancement of the alphabetisation in the African countries and in East Timor, Portuguese is confirming its growth potential in terms of number of speakers.
The expeditions and coastal trade that Portugal maintained for several centuries show linguistic counterparts today: Portuguese incorporated words from African, Amerindian and Asian languages, but also gave its lexical contribution to many languages in the world and to several pidgins and creoles of the Atlantic, the Pacific and the Indian Oceans [11, 12].

The geographical division of dialects in Portugal [13] identifies Southern-Central, Northern and Atlantic islands dialects. The Northern dialects can be distinguished by the lack of the phonological distinction between /b/ and /v/, with prevalence of /b/, the preservation of ancient diphthongs, and the existence of apico-alveolar fricatives. Differences rely at the phonetic/phonological and lexical levels, being all dialects mutually understandable in an immediate fashion (possibly with the exception of some dialects of the islands).

Given its very large dimension, it is not feasible to present here an account of the Portuguese language varieties in Brazil. For geographical, political and social reasons, it is not possible to talk about a standard variety of Brazilian Portuguese. Experts tend to mention 'cultivated urban varieties'. The situation among the African varieties differs: while in Angola and Mozambique the number of speakers of Portuguese has been increasing since the independence of these countries, in other cases, like S. Tome and Principe or Cape Verde, in many circumstances creole languages have a widespread usage and Portuguese is a second language.

All variants of Portuguese across the different continents are, in general, mutually understandable.

3.2 PARTICULARITIES OF THE PORTUGUESE LANGUAGE

Portuguese is a Romance language [14], with most of its lexicon being derived from Latin. At different times in its history, it integrated many words from a variety of languages, which, in many cases, remain among the most frequent ones. From pre-Latin: *barranco* / ravine, *seara* / cornfield, *bruxa* / witch; Germanic: *luvas* / gloves, *bando* / band, *guerra* / war; Arabic: *aldeia* / village, *açúcar* / sugar, *laranja* / orange; African: *batuque* / drum, *inhame* / yam; Asian: *chá* / tea, *biombo* / partition, *bengala* / walking cane; and Amerindian: *cacau* / cocoa, *tapioca* / tapioca. The languages of the populations that Portuguese contacted during their maritime explorations and coastal trade also integrated Portuguese words. For example, in the case of Japanese, the words *bidoro* (from Portuguese *vidro* / glass) and *pan* (from Portuguese *pão* / bread).

Portuguese is a Romance language and has integrated many words from other languages along its history.

To a speaker not knowing Portuguese, the European variant of this language may often sound like a sequence of consonants. This is due to the fact that, differently from the other Romance languages, the Portuguese unstressed vowels are often weakened or even not pronounced. This vowel weakening is a late change in European Portuguese and it did not affect the variety spoken in Brazil, which in this aspect, is more close to the Portuguese as spoken some centuries ago.

The basic word order in Portuguese is SVO – Subject Verb Object (*ele leu o livro* / he read the book). In certain pragmatic contexts (e. g. emphatic reading), the VSO order can be used (*lês tu o livro* / read you the book) and the OSV or OVS order are possible in constructions termed as marked by linguists (*o livro, ele não leu* / the book, he not read).

Portuguese is a null subject language, that is the subject of the sentence may not be realised by a phonetically overt expression (_ *li o livro* / [I] read the book). When the subject is paired with a first person inflection, its non-realisation in phonetic terms is the default option. Additionaly, there is no expletive pronoun in impersonal constructions (_ *há um livro sobre esse tema* / [there] is a book on that subject). This feature of the Portuguese language represents an accrued challenge for the automatic syntactic analysis of Portuguese texts and speech.

The inflection paradigm in Portuguese is much richer than the one of a language like English, for instance, especially in what concerns verbs: a verb with a regular inflection paradigm will have different markers for aspect, tense, mood, person, number or polarity, reaching more than 160 different inflected verb forms, encompassing both simple and complex ones [15].

Certain linguistic properties of the Portuguese language represent accrued challenges for language technology.

Also, there are two verb inflectional paradigms which do not exist in the other official Romance languages and are very frequent in Portuguese: the inflected infinitive and the future subjunctive. The former shares the theme with the non inflected infinitive (e. g. *cantar* / to sing), to which the aspect, tense, mood, person and number markers are adjoined (*para tu cantares* / for you to sing). The inflected forms of the subjunctive future are homonyms to the ones of the non inflected infinitive, except with irregular verbs, and this increases the number of ambiguous forms in the verbal inflection paradigm.

The position of clitic pronouns in the sentence is another feature that raises specific challenges to the automatic processing of Portuguese language. As a rule, clitic pronouns can occur before or after the verb, and in the future and conditional tenses, they can be realised before or in the middle of the verb form (*dar-lho-ei* / will give it to him/her/them). Furthermore, the presence of a third person clitic in the middle or in the final position can affect the verb: for example, in the final sequence -*ar*, the -*r* falls and the vowel is stressed (*dá-lo-ei* / will give it).

3.3 RECENT DEVELOPMENTS

As English is the most widespread language in the world, its influence on other languages, including Portuguese, is increasingly noticeable. Movies and television, especially American series, music and the Internet open a window to the regular presence of English in daily life and many words are eventually integrated into the Portuguese vocabulary. It is mainly in the business language and on the web that English words are more visible, like *CEO*, *manager*, *briefing*, *casual day* or *download*, *USB pen*, *upload*, *online* or *site*, and also *lifting* or *e-learning*, among many others.

In what concerns music, although there are many singers and bands with English lyrics targeted at a younger audience, traditional types of Portuguese music like fado are regaining a large audience of all ages.

In the last decade there has been a growth in the economic relevance of Portuguese in an international context, particularly due to the economic development of Brazil and the African countries with Portuguese as official language. Within the United Nations, Portuguese has played an increasingly important role, with ongoing initiatives for Portuguese to become one of its working languages, as it is already the case in the European Union and the Mercosul.

This growing importance of Portuguese at the international level is reflected in the increasing number of people taking Portuguese courses worldwide.

3.4 DISSEMINATION AND PROMOTION

The Community of Countries with Portuguese as Official Language (CPLP) is an intergovernment organisation for cooperation. One of its goals is the dissemination and promotion of the Portuguese language. The International Institute for the Portuguese Language (IILP) is the organism of CPLP specifically dedicated to the promotion of Portuguese as an international language of global projection. It was also in the framework of CPLP that efforts were undertaken conducting to a new Agreement for the Orthography of Portuguese [16], which is common to all countries of this community and supports the consolidation of the language in the international economic and political arena. This new Agreement for the Orthography of Portuguese covers all countries having Portuguese as official language.

> The Community of Countries with Portuguese as Official Language (CPLP) is an intergovernment organisation active in the dissemination and promotion of the Portuguese language.

The Academy of Sciences of Lisbon and the Brazilian Academy of Letters contribute to the promotion of the Portuguese language, in particular with the publication of reference dictionaries: the Dictionary of Contemporary Portuguese, by the Portuguese Academy, and the Dictionary of the Brazilian Academy of Letters, by the Brazilian one.

The Instituto Camões is an institution under the Portuguese Foreign Affairs Ministry and one of its main objective is the promotion of Portuguese. This institution coordinates Portuguese teaching abroad by establishing and supporting courses of Portuguese in foreign universities as well as centers of Portuguese language and culture all over the world. It also provides support to cultural activities related to language, by awarding scholarships to nationals and foreigners in order to promote Portuguese, or by supporting Portuguese as a communication language at the international level, particularly in international institutions like the United Nations.

> Under the Foreign Affairs Ministry of Portugal, Instituto Camões has the mission of promoting Portuguese in the world.

The Gulbenkian Foundation [17] has also been engaged in the promotion of the Portuguese language. For example, it supplies books by Portuguese authors to Departments of History and Portuguese in foreign universities and cultural institutions all over the world. This Foundation supports the organisation of congresses, conferences and seminars on the Portuguese language and literature. It grants funding to specific research projects, as for instance, for the project Reference Corpus of Contemporary Portuguese or for the project Comprehensive Grammar of Portuguese, of the Center of Linguistics of the University of Lisbon.
In recent years, Brazil has also increased international cooperation, with particular focus on education and with an impact in terms of promoting the Portuguese language. There are agreements with Angola and Mozambique to offer graduate courses and e-learning courses. Scholarships are available for professors of the main universities of the Spanish speaking countries of America such as Uruguay and at their border territories bilingual education is being supported.
The Portuguese public radio and television have been engaged in the promotion of the Portuguese language. They broadcast short daily programs that seek to teach good practices regarding the use of Portuguese. For example, in the public channel, the weekly TV show Watch Up Your Language is both educational and entertaining and has helped to disseminate the New Agreement for Orthography. In the public radio, there are regular talks regarding good practices concerning the speaking and writing of Portuguese. There have been also many publications concerned with the promotion of Portuguese, seeking to attract more audiences to the appropriate use of the language. All these programs and publications address a vivid interest by the Portuguese population regarding language issues. Also the radio and television stations in Portuguese language, spread throughout the world, have made a great effort to keep the use of Portuguese among emigrants and their descendants.
The use of Portuguese is supported in the music sector by means of a quota system in the radios in Portugal. By law, there is a mandatory proportion of 25% of Portuguese music in broadcasted programs.

> A new Agreement for the Orthography of Portuguese was approved in the scope of the Community of Countries with Portuguese as Official Language (CPLP).

The Portuguese language has been also promoted through the increasing international projection of the works of African, Brazilian and Portuguese authors. As some notorious examples, one can refer the Portuguese philosophers Eduardo Lourenço or Fernando Gil, and the Portuguese fiction writers António Lobo Antunes or the recently deceased Nobel prize, José Saramago, whose works have been translated worldwide. Also worth of note in this context are the internationally acclaimed Brazilian writers Jorge Amado or Paulo Coelho, as well as Mia Couto, from Mozambique, and José Eduardo Agualusa or Luandino Vieira, from Angola, just to name a few.

3.5 LANGUAGE IN EDUCATION

In the last few years, there has been in Portugal a large investment in the development of a network of school libraries. This has been done under the scope of the National Plan for Reading whose ultimate goal is to foster the literacy level of Portuguese students from various learning levels, with special focus on the early years of school. Also in Brazil, educational policies to increase the level of literacy among students have been gradually implemented in the last few years.

Another recent initiative in Portugal has been the widespread integration of new information technologies in schools. Younger students have been granted the possibility to get at very low cost, or in some cases even for free, laptops especially designed for their different levels of education. On a par with this access to individual laptops, educational software programs have been designed where Portuguese is the language used, and in many cases where the learning of Portuguese grammar is specifically fostered.

The National Plan for Reading in Portugal aims to foster the literacy level of students. Similar initiatives have been undertaken in Brazil.

The Gulbenkian Foundation has played a relevant role in supporting and implementing public libraries, as well as school libraries. Another example of the support of this Foundation to education is the funding granted to the project Linguistic Diversity in Portuguese School [18], developed by the Institute for Theoretical and Computational Linguistics, whose main objective is to contribute to the integration of students who do not have Portuguese as their first language.

Recent results from the 2009 Programme for International Student Assessment (PISA) reveal a notorious comparative progress of the Portuguese students in terms of their reading, science and mathematics skills, with special highlights to the reading component.

In the near future, it is expected that this investment on the National Plan for Reading and on the dissemination of new technologies, as well as of the recent measure to increase the compulsory school attendance to twelve years, will have a continued positive impact.

3.6 INTERNATIONAL ASPECTS

As a consequence of the historical undertaking of the Portuguese maritime explorations, geographical discoveries and settling of new global trade routes, the Portuguese language has been projected for centuries all over the world as one of the most prominent languages for business and trade.

Portuguese is a global language with around 220 million speakers, of which twelve million live in Europe, with 10 million in Portugal [19]. It is in Brazil that one finds the largest Portuguese speaking community, with its 190 million speakers. On a par to the size of its population, Brazil is contributing to the increasingly larger international projection of the Portuguese language as a consequence of its economical development and of its position in the international arena as one of the emergent powers of the 21st century.

Therefore, a recent increase of interest on the Portuguese language is taking place as Portuguese is being taught in many countries around the world [20]. Several Chambers of Commerce have been interested in offering course on Portuguese for potential investors, as it was recently the case of the Italian Chamber in Portugal, just to refer one case among many others. The Portuguese emigrant communities around the world have been also promoting the learning of Portuguese.

There is an increased interest on the Portuguese language at the international level, in the academia as well as in the business world.

The portuguese language is currently one of the 23 official languages of the European Union and has been included in some research projects funded by the European Commission targeting the development of language resources and technology. The Portuguese language is also an official, administrative or working language of 27 international organizations, including, for example, The Community of Portuguese Speaking Countries (CPLP), the Mercosul, the Latin Union or the International Federation of Football Association (FIFA).

The Portuguese language is an official, administrative or working language of 27 international organizations.

In spite of its progressive projection, the Portuguese language may face challenges as an international language of communication. In Latin America, with around 190 million native speakers, Portuguese co-exists with large Spanish speaking countries. In Europe, a highly multilingual continent, Portuguese has about 12 million speakers, including the emigrant communities. In Asia, Portuguese is an official language only in East Timor and Macau. And in Africa, besides the fact that many native languages co-exist with Portuguese, English and French are languages with a vigorous and concorrent projection in that continent.

3.7 PORTUGUESE ON THE INTERNET

An overview on statistical data about the Portuguese language reveals that it is one of the most used languages on the internet. According to recent estimates, Portuguese is the fifth most common language on the web, being surpassed only by English, Chinese, Spanish and Japanese [21]. This survey shows that about 82.5 million users are surfing the web in Portuguese, and that in one decade, from 2000 to 2010, it registered an astonishing expansion of 990%.

The Portuguese language is the fifth most used language on the internet. Its use on the web has registered an astonishing expansion of 990% in the last decade.

Portuguese is particularly well positioned when it comes to its presence in social networks. A semantic and quantitative study of 2.8 million tweets, performed by Semiocast, reveals that Portuguese is the third language most used on Twitter, right after English and Japanese [22].

This is in line with the boom of Internet access in Brazil, especially among the young people. This country has one of the largest numbers of Internet users worldwide (76 million) [23], and the replies to a census questionnaire revealed that the number of people aged 10 or older using the Internet jumped by 12 million since 2008 [24]. Portugal in turn has around 5 million Internet users [25, 26] and has also registered a notorious growth in terms of Internet access. Statistics reveal that the number of Internet subscribers has steadily increased: in 2001 there were around half million subscribers, and the last counting indicates almost 2 millions [27]. They reveal also that in 2006, 95% of companies with ten or more employees used computers, while 84% used e-mail and 83% had access to the Internet; that in 2008, more than 90% of individuals aged between 10 and 15 years used a computer (96.6%) and the Internet (92.7%); and that in 2010, 54% of Portuguese households had an Internet connection [27].

On a par with the effort of assuring the presence of public institutes, agencies and services on the internet, in 2007, a National Plan for the Promotion of Accessibility has been implemented in Portugal [28], aiming at fostering social inclusion through the Information Society and allowing access to e-content by citizens with disabilities. An increasing usage of the Portuguese language in the Internet is thus clear.

Along with the data shown above, it is worth pointing out that Portuguese is present in several websites of international institutions, as in the sites of the European Union or the Mercosul, just to give two examples, and the efforts should be continued so that it will be present in a number of others where it is not yet an option.

4

LANGUAGE TECHNOLOGY SUPPORT FOR PORTUGUESE

Language technology is used to develop software systems designed to handle human language and are therefore often also termed as human language technology. Human language comes in spoken and written forms. While speech is the oldest in terms of human evolution, and the most natural form of language communication, complex information and most human knowledge is stored and transmitted through the written word. Speech and text technologies process or produce these different forms of language, using dictionaries, rules of grammar, and semantics. This means that language technology links language to various forms of knowledge, independently of the media (speech or text) in which it is expressed.

When we communicate, we combine language with other modes of communication and information media – for example speaking can involve gestures and facial expressions. Digital texts link to pictures and sounds. Movies may contain language in spoken and written form. In other words, speech and text technologies overlap and interact with other multimodal communication and multimedia technologies.

Figure 1 illustrates the language technology landscape. In this chapter, we introduce the core application areas for language technology, and follow this with an overview of the state of language technology research. Finally, we present an estimate of the state of development of language technology tools and resources for Portuguese. Support for Portuguese is also compared to the other languages of this series.

Language technology is an established area of research with an extensive set of introductory literature. The interested reader is referred to the following references: [51, 29, 30, 31, 32].

Before discussing the above application areas, we will briefly describe the architecture of a typical language technology system.

4.1 APPLICATION ARCHITECTURES

Software applications for language processing typically consist of several components that mirror different aspects of language. While such applications tend to be very complex, Figure 2 shows a highly simplified architecture of a text processing system. The first three modules handle the structure and meaning of the text input:

1. Pre-processing: cleans the data, analyses or removes formatting, detects the input languages, and so on.
2. Grammatical analysis: finds the verb, its objects, modifiers and other sentence elements, and detects the sentence structure.
3. Semantic analysis: performs disambiguation (i. e. computes the appropriate meaning of words in a given context), resolves anaphora (i. e. which pronouns refer to which nouns in the sentence), and represents the meaning of the sentence in a machine readable way.

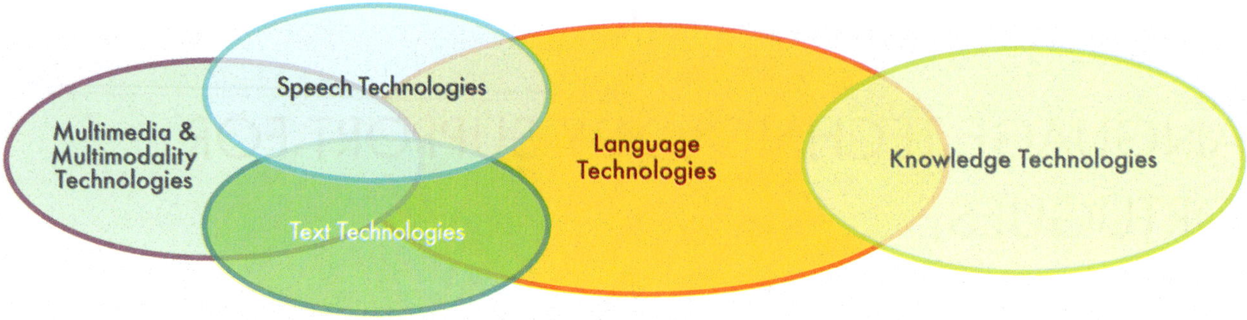

1: Language technologies

After analysing the text, task specific modules can perform other operations, such as automatic summarisation or database look ups, for example.

4.2 CORE APPLICATION AREAS

In this section, we will discuss the main application areas of language technology, i. e. language checking, web search, speech interaction, and machine translation.

4.2.1 Language Checking

Anyone who has used a word processor, such as MS Word, knows that it has a spell checker that highlights possible spelling mistakes and proposes corrections. The first spelling correction programs compared a list of extracted words against a dictionary of correctly spelled words. Today these programs are far more sophisticated. Using language dependent algorithms for grammatical analysis, they detect errors related to morphology (e. g. plural formation) as well as syntax related errors, such as a missing verb or a conflict of verb subject agreement (e. g. *she *write a letter*). However, most spell checkers will not find any errors in the following text [52]:

> I have a spelling checker,
> It came with my PC.
> It plane lee marks four my revue
> Miss steaks aye can knot sea.

For handling this type of errors, analysis of the context is needed in many cases, as in the following Portuguese examples:

Fizemos jogos tradicionais, incluindo o *jogo do pião*.
[We played traditional games, including the whipping top game]

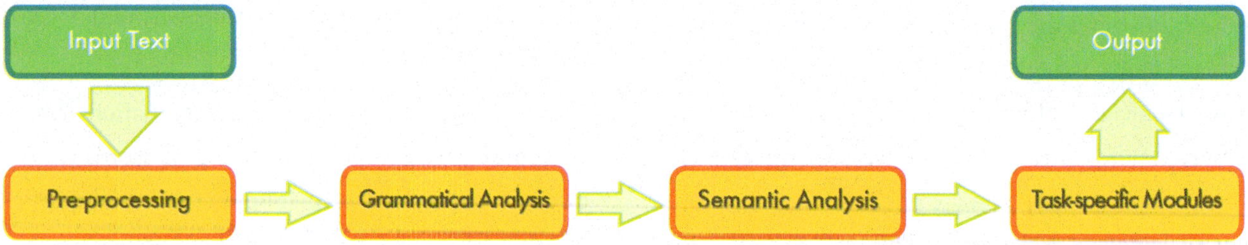

2: A typical text processing architecture

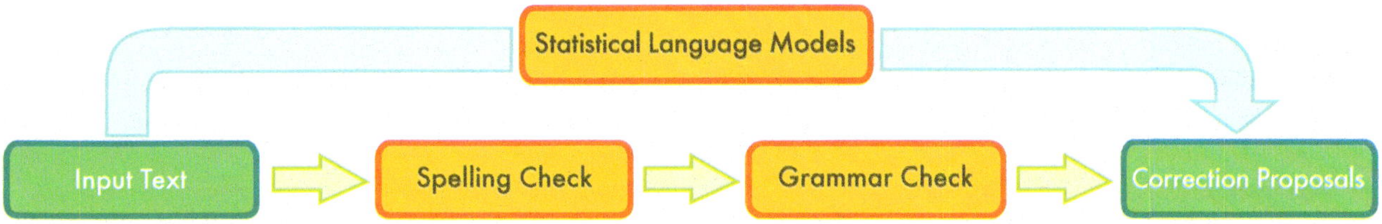

3: Language checking (top: statistical; bottom: rule-based)

Fizemos jogos tradicionais, incluindo o *jogo do peão*. [We played traditional games, including the game of the pedestrian]

This either requires the formulation of language specific grammar rules, i.e. a high degree of expertise and manual labour, or the use of a so called statistical language model, as depicted in Figure 3. Such model calculates the probability of a particular word occurring in a specific environment (i.e. the preceding and following words). For example, *jogo do pião* is a much more probable word sequence than *jogo do peão*. A statistical language model can be automatically derived using a large amount of language data (i.e. a corpus).

Language checking is not limited to word processors. It is also used in authoring support systems, which are software environments in which manuals and other types of technical documentation for complex IT, healthcare, engineering and other products, are written. To offset customer complaints about incorrect use and damage claims resulting from poorly understood instructions, companies are increasingly focusing on the quality of technical documentation while targeting the international market (via translation or localisation) at the same time. Advances in natural language processing have led to the development of authoring support software, which helps the writer of technical documentation to use vocabulary and sentence structures that are consistent with industry rules and terminology restrictions.

The use of language checking is not limited to word processors. It also applies to authoring support systems.

Additionally to the one provided by MS Word, there are some other language checking tools for Portuguese. In Portugal, FLIP is a language checker for European and Brazilian Portuguese commonly used. CoGrOO is a grammar checker of Brazilian Portuguese for Open Office. Also for Brazilian Portuguese, building on an algorithm by the Instituto de Computação from Universidade Estadual de Campinas (UNICAMP), the Núcleo Interinstitucional de Lingüística Computacional (NILC), developed the checker ReGra, which is available as an integral part of the MS Word and the word processor REDATOR.

Besides spell checkers and authoring support, language checking is also important in the field of computer assisted language learning. And language checking applications also automatically correct search engine queries, as found in Google's *Did you mean...* suggestions.

4.2.2 Web Search

Searching the web, intranets or digital libraries is probably the most widely used and yet largely underdeveloped language technology application today. Figure 4 depicts its major components.

The Google search engine, which started in 1998, now handles about 91% of all search queries [33]. The verb

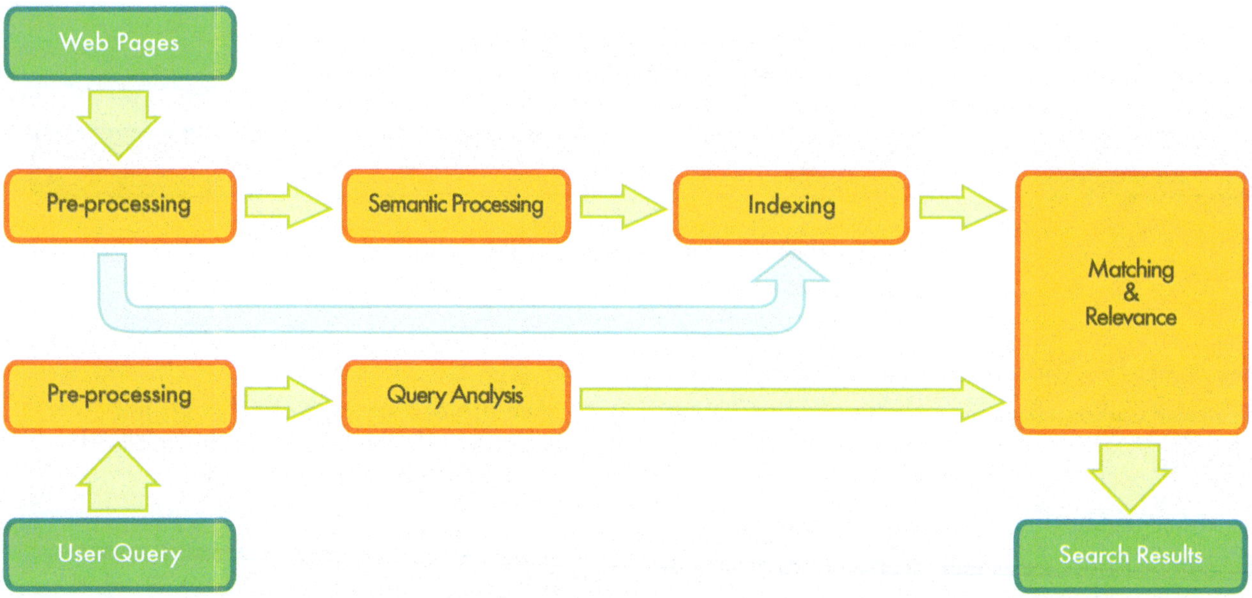

4: Web search architecture

googlar / to google even has an entry in the Porto Editora online dictionary of Portuguese [34]. The Google search interface and results page display has not significantly changed since the first version. Yet in the current version, Google offers spelling correction for misspelled words and has now incorporated basic semantic search capabilities that can improve search accuracy by analysing the meaning of terms in a search query context [35].

The Google success story shows that a large volume of available data and efficient indexing techniques can deliver satisfactory results for a statistically based approach.

However, for a more sophisticated request for information, integrating deeper linguistic knowledge is essential. In the research laboratories, experiments using machine readable thesauri and ontological language resources like WordNet have shown improvements by allowing to find a page on the basis of synonyms of the search terms (e. g. "atomic energy", "atomic power", and "nuclear energy"). To this end, it will be useful to use, for Brazilian and European Portuguese, the MultiWordnet.PT [36], for European Portuguese, the WordNet.PT [37], and for Brazilian Portuguese, the Thesaurus Eletrônico para o Português (TEP), under development as part of the project WordNet.BR.

The next generation of search engines will have to include much more sophisticated language technology, in particular in order to deal with search queries consisting of a question or other sentence type rather than a list of keywords. For the query *What are the companies that were taken over by other companies in the last five years?*, the language technology system needs to analyse the sentence syntactically and semantically as well as provide an index to quickly retrieve relevant documents. A satisfactory answer will require parsing to get the grammatical structure of the sentence and determine that the user wants companies that have been acquired, not companies that acquired other companies. And for the expression *last five years*, the system needs to determine the relevant years. Additionaly, the query needs to be matched against a huge amount of unstructured data to find the piece or pieces of relevant information the user wants. This is called information retrieval, and involves searching and ranking relevant documents. To generate a list of companies, the system also needs to recognise that a particular string of words in a document is a company name, in a process called named entity recognition.

The next generation of search engines will have to include much more sophisticated language technology.

A more demanding challenge is matching a query in one language with documents in another language. Cross-lingual information retrieval involves automatically translating the query into all possible target languages and then translating the results back into the source language.

Now that data is increasingly found in non textual formats, there is a need for services that deliver multimedia information retrieval by searching images, audio files and video data. In the case of audio and video files, a speech recognition module must convert speech into text, or into a phonetic representation, that can then be matched against a user query.

In the late 1990's, several search engines started being developed in Portugal. AEIOU came up in 1996 and was later bought by Impresa and developed further into a content portal [38]. Sapo was launched in 1997 as a search engine as well and was turned into a portal, being now part of an internet service provider owned by PT Multimédia [39]. In the meanwhile, Sapo created search engine versions for Angola, Cape Verde, East Timor and Mozambique. As of today, although many other search engines have been developed in Portugal (Clix, Busca Online, Guianet, Netindex, among others) [40], only a few Portuguese companies keep providing autonomous search engine services. The search engine Google.pt is deemed to be the most popular.

In Brazil, there are examples of web search engines directed to Brazilian sites only, such as Achei [41] or Giga Busca [42], whose coverage and outreach is thus limited. It is worth noting the METAMINER search engine, which was developed in 1996 by the Universidade Federal de Minas Gerais and later integrated into the UOL portal. Google is thus deemed to be the dominant search engine in Brazil.

4.2.3 Speech Interaction

Speech interaction is one of many application areas that depend on speech technology, i. e. technology for processing spoken language. Speech interaction technology is used to create interfaces that enable users to interact in spoken language instead of using a graphical display, keyboard or mouse. Today, these voice user interfaces (VUI) are used for partially or fully automated telephone services provided by companies to customers, employees or partners. Business domains that rely heavily on VUIs include banking, supply chain, public transportation, and telecommunications. Other uses of speech interaction technology include interfaces to car navigation systems and the use of spoken language as an alternative to the graphical or touchscreen interfaces in smartphones.

Speech interaction is the basis for creating interfaces that allow a user to interact with spoken language instead of a graphical display, keyboard or mouse.

As illustrated in Figure 5, on dialogue systems, speech interaction technology comprises three dimensions:

1. **Automatic Speech Recognition** (ASR) determines which words are actually spoken in a given sequence of sounds uttered by a user.
2. **Dialogue management** determines which action to take given the user input and system functionality.

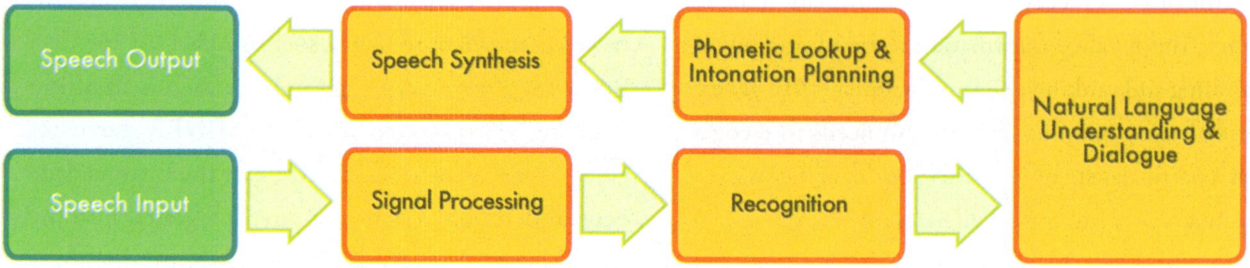

5: Speech-based dialogue system

3. **Speech synthesis** (text-to-speech or TTS) transforms the system's reply into sounds for the user.

One of the major challenges of ASR systems is to accurately recognise the words a user utters. This means restricting the range of possible user utterances to a limited set of keywords, or manually creating language models that cover a large range of natural language utterances. Using machine learning techniques, language models can also be generated automatically from speech corpora, i. e. large collections of speech audio files and text transcriptions. Restricting utterances usually forces people to use the VUI in a rigid way and can damage user acceptance; but the creation, tuning and maintenance of rich language models will significantly increase costs. VUIs that employ language models and initially allow a user to express their intent more flexibly – prompted by a *How may I help you?* greeting – are better accepted by users.

ASR systems for European and Brazilian Portuguese have a good quality in general, by achieving moderately good recognition results, and they are actively maintained. The great majority of them are not freely available, and the laboratory systems in particular are usually not compliant with standards. Some systems have large vocabulary, for example to transcribe broadcast news. Some are domain specific, with a limited vocabulary (limited tasks, e. g. in medical area), but adaptation to a new domain is feasible with proper resources.

Companies tend to use utterances pre-recorded by professional speakers for generating the output of the voice user interface. For static utterances where the wording does not depend on particular contexts of use or personal user data, this can deliver a rich user experience. But more dynamic content in an utterance may suffer from unnatural intonation because different parts of audio files have simply been strung together. Through optimisation, today's TTS systems are getting better at producing natural sounding dynamic utterances.

The state of the art in TTS for Portuguese is similar to the ASR one. Few systems are freely available and speech data needed to build a voice are not available. Nevertheless, the maturity of TTS seems to be larger for the general use, in a lot of applications: GPS devices, call centers, avatars, web sites, etc.

Interfaces in speech interaction have been considerably standardised during the last decade in terms of their various technological components. There has also been strong market consolidation in speech recognition and speech synthesis. The national markets in the G20 countries have been dominated by just five global players, with Nuance (USA) and Loquendo (Italy) being the most prominent ones. In 2011, Nuance announced the acquisition of Loquendo, which represents a further step in market consolidation.

In the Portuguese TTS market, there further exists some smaller companies like SVOX and Voice Interaction, and the later has a differentiating focus by providing voices not only for European and Brazilian Portuguese but also for the African varieties of Portuguese. In the Brazilian market, the company VOCALISE offers products and services in this area (TTS, STT, ASR, searching recorded speech, etc.), with the particularity of establishing partnerships in projects with the major universities in the area of São Paulo and Campinas [43]. We can also highlight the growing number of foreign companies which are established near the universities and are interested in the Portuguese varieties of Brazil.

With regard to dialogue management technology and know how, DigA is the only complete framework especially built for European Portuguese. It is open domain though it is not available as open source. The open source Olympus SDS was adapted to Portuguese with success, yet not extensively tested so far. From the various modules required by Spoken Dialogue Systems, the dialogue manager is the only module that is language independent. The other modules exist, although usually not available for free and not as open source frameworks.

Looking forward, there will be significant changes due to the spread of smartphones as a new platform for managing customer relationships in addition to fixed telephones, the Internet and e-mail. This will also affect how speech technology is used. In the long run, there will be fewer telephone based VUIs and spoken language will play a far more central role as a user friendly input for smartphones. This will be largely driven by stepped improvements in the accuracy of speaker independent speech recognition via speech dictation services already offered as centralised services to smartphone users.

Some recent research effort can be observed in new applications of speech technologies in European Portuguese, namely in language learning and health. For example, some projects aim at developing and testing tools to help learning pronunciation or at creating serious games to learn vocabulary and grammar. In relation to health applications, projects aim at studying elderly speech to measure the impact on the performance of ASR systems, helping in the recovering of people suffering from speech disorders such as aphasia.

4.2.4 Machine Translation

The idea of using digital computers to translate natural languages can be traced back to 1946 and was followed by substantial funding for research during the 1950s and again in the 1980s. Yet machine translation (MT) still cannot deliver on its initial promise of providing across the board automated translation.

The most basic approach to machine translation is the automatic replacement of the words in a text written in one natural language with the equivalent words of another language. This can be useful in subject domains that have a very restricted, formulaic language such as weather reports.

However, in order to produce a good translation of less restricted texts, larger text units (phrases, sentences, or even whole passages) need to be matched to their closest counterparts in the target language.

A major difficulty is that human language is ambiguous. Word sense disambiguation is a challenge at the lexical level. For instance, *banco* from Portuguese has at least two meanings, 'bank' or 'bench':

O Pedro viu a rapariga no banco.
[Pedro saw the girl at the bank / on the bench.]

Syntactic ambiguity is also a challenge as the next two sentences show. Notice that the prepositional phrase in the first sentence causes ambiguity, but the prepositional phrase in the second one does not:

O Pedro viu a rapariga com o telescópio.
[Pedro saw the girl with the telescope.]

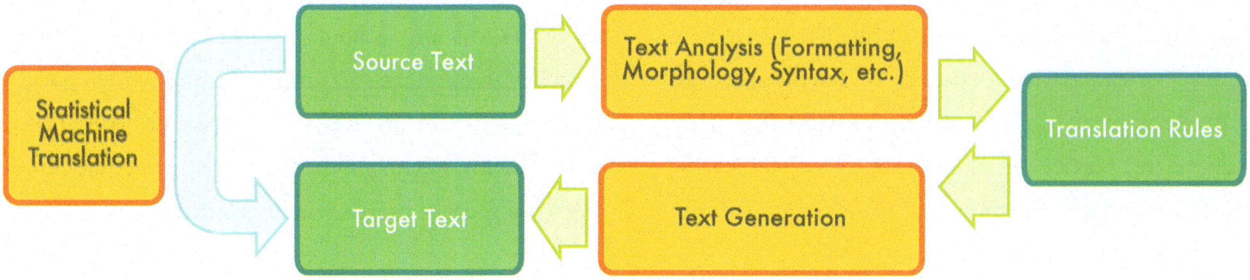

6: Machine translation (left: statistical; right: rule-based)

O Pedro viu a rapariga com o boné.
[Pedro saw the girl with the cap.]

One way to build an MT system is to use linguistic rules. For translations between closely related languages, a translation using direct substitution may be feasible. However, rule based (or linguistic knowledge driven) systems often analyse the input text and create an intermediary symbolic representation from which the target language text can be generated. The success of these methods is highly dependent on the availability of extensive lexicons with morphological, syntactic, and semantic information, and large sets of grammar rules carefully designed by skilled linguists. Leading rule based MT systems, like LOGOS, Apertium or SYSTRAN, are available for Portuguese.

In the late 1980s when computational power increased and became cheaper, interest in statistical models for machine translation began to grow. Statistical models are derived from analysing bilingual text corpora, parallel corpora, such as the Europarl parallel corpus, which contains the proceedings of the European Parliament in 21 European languages. Given enough data, statistical (or data driven) MT works well enough to derive an approximate meaning of a foreign language text by processing parallel versions and finding plausible patterns of words. Data driven MT is advantageous because less human effort is required, and it can also cover special particularities of the language (e. g. idiomatic expressions) that are often ignored in knowledge-driven systems. Unlike the latter, however, statistical MT systems generate ungrammatical output more oftenly.

Additionally, and for the case of the Portuguese language in particular, the lack of resources for effective word sense disambiguation – data (lexical ontologies and annotated corpora) and tools developed over those data – is another reason why the results of the existing MT systems are often insufficient.

Figure 6 presents a synopsis of these two approaches to MT, based on rules and based in statistics. The strengths and weaknesses of these two approaches tend to be complementary, so that nowadays researchers focus on hybrid approaches that combine both methodologies. One such approach uses both knowledge driven and data driven systems, together with a selection module that decides on the best output for each sentence. However, results for sentences longer than, say, twelve words, will often be far from perfect.

While there is significant research in this technology in national and international contexts, hybrid systems have been less successful in business than in research so far.

There is still a huge potential for improving the quality of MT systems. The challenges involve adapting language resources to a given subject domain or user area, and integrating the technology into workflows that already have term bases and translation memories. Another problem is that most of the current systems are

	Língua-alvo – Target language																				
	EN	BG	DE	CS	DA	EL	ES	ET	FI	FR	HU	IT	LT	LV	MT	NL	PL	PT	RO	SK	SL	SV
EN	–	40.5	46.8	52.6	50.0	41.0	55.2	34.8	38.6	50.1	37.2	50.4	39.6	43.4	39.8	52.3	49.2	55.0	49.0	44.7	50.7	52.0
BG	61.3	–	38.7	39.4	39.6	34.5	46.9	25.5	26.7	42.4	22.0	43.5	29.3	29.1	25.9	44.9	35.1	45.9	36.8	34.1	34.1	39.9
DE	53.6	26.3	–	35.4	43.1	32.8	47.1	26.7	29.5	39.4	27.6	42.7	27.6	30.3	19.8	50.2	30.2	44.1	30.7	29.4	31.4	41.2
CS	58.4	32.0	42.6	–	43.6	34.6	48.9	30.7	30.5	41.6	27.4	44.3	34.5	35.8	26.3	46.5	39.2	45.7	36.5	43.6	41.3	42.9
DA	57.6	28.7	44.1	35.7	–	34.3	47.5	27.8	31.6	41.3	24.2	43.8	29.7	32.9	21.1	48.5	34.3	45.4	33.9	33.0	36.2	47.2
EL	59.5	32.4	43.1	37.7	44.5	–	54.0	26.5	29.0	48.3	23.7	49.6	29.0	32.6	23.8	48.9	34.2	52.5	37.2	33.1	36.3	43.3
ES	60.0	31.1	42.7	37.5	44.4	39.4	–	25.4	28.5	51.3	24.0	51.7	26.8	30.5	24.6	48.8	33.9	57.3	38.1	31.7	33.9	43.7
ET	52.0	24.6	37.3	35.2	37.8	28.2	40.4	–	37.7	33.4	30.9	37.0	35.0	36.9	20.5	41.3	32.0	37.8	28.0	30.6	32.9	37.3
FI	49.3	23.2	36.0	32.0	37.9	27.2	39.7	34.9	–	29.5	27.2	36.6	30.5	32.5	19.4	40.6	28.8	37.5	26.5	27.3	28.2	37.6
FR	64.0	34.5	45.1	39.5	47.4	42.8	60.9	26.7	30.0	–	25.5	56.1	28.3	31.9	25.3	51.6	35.7	61.0	43.8	33.1	35.6	45.8
HU	48.0	24.7	34.3	30.0	33.0	25.5	34.1	29.6	29.4	30.7	–	33.5	29.6	31.9	18.1	36.1	29.8	34.2	25.7	25.6	28.2	30.5
IT	61.0	32.1	44.3	38.9	45.8	40.6	26.9	25.0	29.7	52.7	24.2	–	29.4	32.6	24.6	50.5	35.2	56.5	39.3	32.5	34.7	44.3
LT	51.8	27.6	33.9	37.0	36.8	26.5	21.1	34.2	32.0	34.4	28.5	36.8	–	40.1	22.2	38.1	31.6	31.6	29.3	31.8	35.3	35.3
LV	54.0	29.1	35.0	37.8	38.5	29.7	8.0	34.2	32.4	35.6	29.3	38.9	38.4	–	23.3	41.5	34.4	39.6	31.0	33.3	37.1	38.0
MT	72.1	32.2	37.2	37.9	38.9	33.7	48.7	26.9	25.8	42.4	22.4	43.7	30.2	33.2	–	44.0	37.1	45.9	38.9	35.8	40.0	41.6
NL	56.9	29.3	46.9	37.0	45.4	35.3	49.7	27.5	29.8	43.4	25.3	44.5	28.6	31.7	22.0	–	32.0	47.7	33.0	30.1	34.6	43.6
PL	60.8	31.5	40.2	44.2	42.1	34.2	46.2	29.2	29.0	40.0	24.5	43.2	33.2	35.6	27.9	44.8	–	44.1	38.2	38.2	39.8	42.1
PT	60.7	31.4	42.9	38.4	42.8	40.2	60.7	26.4	29.2	53.2	23.8	52.8	28.0	31.5	24.8	49.3	34.5	–	39.4	32.1	34.4	43.9
RO	60.8	33.1	38.5	37.8	40.3	35.6	50.4	24.6	26.2	46.5	25.0	44.8	28.4	29.9	28.7	43.0	35.8	48.5	–	31.5	35.1	39.4
SK	60.8	32.6	39.4	48.1	41.0	33.3	46.2	29.8	28.4	39.4	27.4	41.8	33.8	36.7	28.5	44.4	39.0	43.3	35.3	–	42.6	41.8
SL	61.0	33.1	37.9	43.5	42.6	34.0	47.0	31.1	28.8	38.2	25.7	42.3	34.6	37.3	30.0	45.9	38.2	44.1	35.8	38.9	–	42.7
SV	58.5	26.9	41.0	35.6	46.6	33.3	46.6	27.4	30.9	38.9	22.7	42.0	28.2	31.0	23.7	45.6	32.2	44.2	32.7	31.3	33.5	–

7: Machine translation between 22 EU-languages [44]

English centred and only support a few languages from and into Portuguese.

Evaluation campaigns help to compare the quality of MT systems, the different approaches and the status of the systems for different language pairs. Figure 7 was obtained by the Euromatrix+ project, funded by the European Commission. It displays the result of one such campaign where the performance of a given statistical MT system, i. e., MOSES, was evaluated over the language pairs formed for 22 of the 23 official EU languages (Irish was not included). The results are ranked according to a BLEU score, which indicates higher scores for better translations [45]. A human translator would normally achieve a score of around 80 points.

The best results (in green and blue) were achieved with languages that have benefited from a considerable research effort in coordinated programmes and the existence of many parallel corpora (e. g. English, French, Dutch, Spanish or German). The poorer results (in red) were acchieved with languages that either lack such development efforts or are structurally very different from the other languages in the translation pair at stake.

4.3 OTHER APPLICATION AREAS

Building language technology applications involves a range of subtasks that do not always surface at the level of the interaction with the user, but provide significant service functionalities "behind the scenes" of the system in question. They all form important research issues that have now evolved into individual sub-areas of language technology.

Language technology applications often provide significant service functionalities "behind the scenes" of larger software systems.

Question answering, for example, is an active subarea of research for which annotated corpora have been built and scientific competitions have been initiated. The concept of question answering goes beyond keyword based searches (in which the search engine responds by delivering a collection of potentially relevant documents) and enables users to ask a concrete question to which the system provides a single answer. For example:

> Question: *How old was Neil Armstrong when he stepped on the moon?*
>
> Answer: *38.*

While question answering is related to the core area of web search, it is nowadays an umbrella term for such research issues as which different types of questions exist and how they should be handled; how a set of documents that potentially contains the answer can be analysed and compared (do they provide conflicting answers?); and how specific information (the answer) can be reliably extracted from a document without ignoring the context.

Question answering is related to information extraction, an area that was extremely popular and influential when language technology took a statistical turn in the early 1990s.

Information extraction aims to identify specific pieces of information in specific classes of documents, such as the key players in company take overs as reported in newspaper stories. Another common scenario that has been studied is reports on terrorist incidents. The task here consists of mapping appropriate parts of the text to a template that specifies, for instance, the perpetrator, target, time, location and results of the incident. Domain specific template filling is the central characteristic of Information Extraction, which makes it another example of a "behind the scenes" technology that forms a well demarcated research area, which in practice needs to be embedded into a suitable application environment.

Text summarisation and text generation, in turn, are two borderline areas that can act either as standalone applications or play a supporting role. Summarisation attempts to give the essentials of a long text in a short form and, for instance, is one of the features available in MS Word. It mostly uses a statistical approach to identify the "important" words in a text (i. e. words that occur very frequently in the text in question but less frequently in general language use) and determines which sentences contain the most of these "important" words. These sentences are then extracted and put together to create the summary. In this very common commercial scenario, summarisation is simply a form of sentence extraction, and the text is reduced to a subset of its sentences.

An alternative approach, for which some research has been carried out, is to generate brand new sentences that do not exist in the source text. This requires a deeper understanding of the text, which means that so far this approach is far less robust. On the whole, a text generator is rarely used as a stand alone application but is embedded into a larger software environment, such as a clinical information system that collects, stores and processes patient data. Creating reports is just one of many applications for text summarisation.

In these areas, the Portuguese language has been less researched than other languages, most notoriously English, for which question answering, information extraction and summarisation have since the 1990s been the subject of numerous Research and Development programs and funded competitions, primarily those organised by DARPA/NIST in the United States. These have significantly improved the state of the art, but the focus has always been on English.

The Portuguese language, like many other languages, has not received enough support so that it can be processed at the state of the art level, and its study may have a more bold contribution to pushing the knowledge frontier in this scientific and technological domain.

Research and aplications have been directed overwhelmingly to English. As the initial results for Portuguese stand out as promising, research on the Portuguese language calls for a decisive push towards its continuation and deepening.

Question answer systems for Portuguese have been developed in the research laboratories, like for example, the XisQuê system [46], from the University of Lisbon, which gets the answers to the questions entered from the web of texts in Portuguese (available for demonstration at http://xisque.di.fc.ul.pt). While the results here are promising, the research concerning the Portuguese language needs nevertheless to be continued and deepened. As to summarisation systems, those that use purely statistical methods are, to a considerable extent, language independent and in this case some research prototypes are available for Portuguese, as for example the GistSum, from the University of Sao Paulo.

In what concerns text generation, reusable components have traditionally been limited to the surface realisation modules (the "generation grammars"). Again, most available software is for English, and in this area there are no available tools for Portuguese.

4.4 EDUCATIONAL PROGRAMMES

Language technology is a very interdisciplinary field that involves the combined expertise of computer scientists, linguists, mathematicians, philosophers and psycholinguists among others.

In Portugal, the area of language technology has been fostered in several universities, both in research centres and in education, in majors, Master and PhD degrees. There is a reasonable offer in this area with respect to higher education, where the relevant courses are usually integrated in departments offering studies in Computer Science or Language Science.

At the University of Lisbon, on a par with several courses at different levels of education, (in a minor in Natural Language Processing, in the MA and PhD courses in Informatics Engineering, and in the MA and PhD programs in Cognitive Science), there are major research centers focusing on language technology. The Department of Informatics, at the Faculty of Sciences, hosts a unit devoted to the computational processing of Portuguese (the NLX Group), which among other activities, maintains the LX-Center [47], an online center providing a comprehensive set of language processing services and demos of language technology, and is coordinating one of the four European projects in the META-NET network. The Center of Linguistics (CLUL), from the Faculty of Arts, has a long tradition in producing standard, dialectal and historical language resources, including a large scale corpus and smaller and specific data sets, available online.

The Instituto Superior Técnico (IST), from Lisbon, also offers courses in language technology and has a doctoral program in Computer Science in collaboration with other Portuguese universities and with the Carnegie Mellon University. INESC-ID is a research institution associated to IST and its Laboratory of Spoken Language Systems (L2f) is a leading team in speech recognition and synthesis.

The New University of Lisbon also has courses and active research units working in the language technology field, namely its Centre for Research in Computing and Information Technology (CITI) and its Center of Linguistics (CLUNL).

Still in Lisbon, there is the Institute of Theoretical and Computational Linguistics (ILTEC), which was created to host the EUROTRA project.

In the University of Oporto, two centers have undertaken work in natural language science and technology, namely the Laboratory for Artificial Intelligence and Computer Science (LIACC) and the Center of Linguistics (CLUP).

The activity in this field by no means is restricted to the two larger towns, Lisbon and Oporto. In the rest of the country, there are several other universities that also offer courses in the area of language science and technology or host other research units.

That is the case of the Centre for Research in Information Technology (CITI-UE), in the University of Evora. In the University of Coimbra, there are the Center for General and Applied Linguistic Studies (CELGA) and the Institute for Telecomunications (IT).

One should indicate also the Centre for Human Language Technology and Bioinformatics (HULTIG), in the University of Beira Interior, and the Center for Humanities Studies (CEHUM), in the University of Minho.

The University of Algarve is cooperating in an MA in Natural Language Processing under the European Erasmus program.

> Language technology has been fostered in several universities both in terms of research and in terms of education.

In Brazil, there has been also reasonable activity in language technology both in terms of education and research, that concentrates mostly around the south and southeast areas, with particular emphasis on the urban areas of Sao Paulo, Porto Alegre and Rio de Janeiro.

Courses in this area have been offered mostly at the postgraduation level, in MA and PhD programs, rather than at the undergraduate level. Recently, the National Program for PostGraduation 2011-2020 has been implemented, fostering the strengthening of inter and multidisciplinary areas such as language technology.

In the other Portuguese speaking countries, the language technology area shows little or no development, with the data collection and the development of resources and tools targeted to other Portuguese varieties being undertaken mostly by research centres from Portugal.

4.5 PROJECTS AND INITIATIVES

In Portugal, the activity in language technology can be traced back to projects, programs or initiatives carried out in the last decades.

One of the first important programs in this area was EUROTRA, an ambitious Machine Translation project established and funded by the European Commission from the late 1970's until 1994. The participation of Portugal in this project since 1986 was undertaken by ILTEC, specifically created for this purpose and involving mostly researchers from the Universities of Lisbon and Oporto. This project had a long lasting impact on the language industries in Europe with Portugal being no exception. EUROTRA promoted a significant starting step for consistently pursued language technology activities in Portugal and for setting up and fostering a Portuguese community of researchers in this area.

Another European key project in language technology involving Portuguese was LE-PAROLE, developed in the late 1990's, with the participation of CLUL and INESC-ID. Its main achievement was the building of corpora and lexicons according to integrated models of composition and materials description. For each language, a 20 million word corpus was built with harmonised design, composition and codification, including a 250 thousand word tagged subcorpus. Each language lexicon comprised 20 thousand entries with syntactic and morphologic information.

Part of this corpus was enriched and enlarged under the national project TagShare, conducted at the University of Lisbon, in the Department of Informatics (NLX) and in the Center of Linguistics (CLUL), in 2005. This project enabled the development of a set of linguistic resources and software component tools to support the computational processing of Portuguese. The outcome was a 1 million word corpus linguistically annotated and fully verified by experts – the CINTIL corpus [48] –, and a whole range of processing tools for tokenization, morphosyntactic category (POS) tagging, inflection analysis, lemmatization, multiword lexeme recognition, named entity recognition, etc. The annotation schemes developed in the project became de facto standards for Portuguese in the field of language technology and have been further used, for instance, in the Reference Corpus of Contemporary Portuguese (CRPC). These results were subsequently expanded in another project, the SemanticShare project, where the construction of a treebank, i.e. the annotation of sentences with their syntactic structure, was initiated.

The Corpus de Extractos de Textos Electrónicos MCT/Público (CETEMPúblico), released in 2000, in turn, is a corpus of about 180 million words from texts of a Portuguese daily newspaper. It is intended primarily to support the development of processing tools for the Portuguese language which need raw texts for their construction and testing. This corpus was created by the project Computational Processing of Portuguese, under a protocol between the Ministry of Science and Technology (MCT) and that newspaper. This project subsequently evolved into Linguateca, a long term project for Portuguese language technology [49].

Also in 2000, machine translation was the focus of another project supported by the European Commission, the TRADAUT project, directed by the New University of Lisbon. The goal of this project was to enhance the machine translation application used by the European Commission services for the translation pairs between Portuguese, on the one hand, and English and French, on the other hand.

In the field of speech processing, it is worth noting the TECNOVOZ project, which started in 2006. This project was directed by INESC-ID and one of its major goals was to foster technology transfer to the business sector, having as partners companies like the public television RTP.

On the industry side, an important contribution for the emerging of a language technology industry in Portugal is the establishment of the international Microsoft Language Development Center, near Lisbon, since 2005.

More recently, Portuguese and Brazilian institutions have been participating in the ongoing CLARIN project, aiming at establishing an integrated and interoperable European research infrastructure of language resources and technology.

In Brazil, relevant efforts in language technology support to Portuguese have been also undertaken.

To mention just a few illustrative examples, in the early 1990's, under the DIRECT project, the Bank of Portuguese was created at the Pontifical Catholic University of São Paulo. Since its inception, the Bank of Portuguese has been a source of data for corpus based studies for several projects.

Also worth mentioning is the Summ-it corpus, a corpus built to support the study of summarisation along with the phenomena of anaphoric and rhetorical relations in Portuguese. This resource was developed under the PLN-BR project, by the Núcleo Interinstitucional de Lingüística Computacional (NILC), driven by the University of São Paulo and gathering researchers from seven other Brazilian institutions.

More recently, in 2006-2010, the FAROL project was developed, with four participating groups and conducted by the Pontifical Catholic University of Rio Grande do Sul, aimed at reinforcing the cooperation links among teams in Brazil, promoting students and researchers interchange and better research quality in natural language processing.

On a par with these programs and projects both in Brazil and in Portugal, it is worth underlining PROPOR as the key focal initiative of a growing international research community working on Portuguese. PROPOR is the major international scientific conference devoted to the computational processing of Portuguese. This is a biennial conference whose location, since 1993, alternates between the two countries.

The above notes cover only a few illustrative examples of projects, programmes and initiatives in language technology addressing the Portuguese language. Although these are part of positive developments for the Portuguese language in recent years, the fact is that there is a large gap with respect to the language technology activity on other more researched languages, for which the development of language resources and technology is far more advanced.

Compared to the level of funding for language technology not only for English but also for other languages with far less global projection than the Portuguese language, the support for language technology for Portuguese is still very low.

In Portugal, funding for this area comes mainly from the Ministry of Science, Technology and Higher Education, through the Foundation for Science and Technology (FCT). However, obtaining support for language technology projects is particularly difficult, if not impossible, because project proposals in this area are accepted and evaluated under the Electrical Engineering track in calls for project proposals, where they have to compete with hundreds of proposals on totally unrelated issues and face evaluation committees disconnected from the area and its research topics.

On a par with FCT, the Fundação Calouste Gulbenkian occasionally funds some language technology projects.

In Brazil, funding for research, in general, and for language technology activities, in particular, is still limited and comes mainly from government agencies. The National Council for Scientific and Technological Development (CNPq), the Sao Paulo Research Foundation (FAPESP), the Coordination for Advancement of High Education Personnel (CAPES), and the Funding Agency for Studies and Projects (FINEP) are the four institutions that significantly support research in this country.

Compared to the level of funding for language technology not only for English but also for other languages with far less global projection, the support for Portuguese is still very low.

Some of these agencies have provided also special joint university-industry funding programs. For instance, FAPESP and Microsoft Research recently formed a partnership to fund socially relevant projects in the state of Sao Paulo, which included, for instance, the PorSimples [50] text simplification project in the area of language technology.

4.6 AVAILABILITY OF TOOLS AND RESOURCES

In this section, the current state of language technology support for Portuguese is summarised. Figure 8 provides a rating for such support. This rating of existing tools and resources was generated by leading experts in the field who provided estimates based on a scale from 0 (very low) to 6 (very high) using the seven criteria heading the columns of that table.

These results should be appreciated in the scope of the following considerations:

- Although a number of sub-areas in the field have been very active, in terms of language technology, Portuguese is a less resourced language when compared to languages from countries with much larger

	Quantity	Availability	Quality	Coverage	Maturity	Sustainability	Adaptability
Language Technology: Processing Tools and Applications							
Speech recognition	2	3	4	2	2	2	4
Speech synthesis	3	3	4	4	4	3	4
Grammatical analysis	3	3	4	4	4.5	2.5	4.5
Semantic analysis	1.5	2	3	2	2.5	2.5	2.5
Text generation	0	0	0	0	0	0	0
Machine translation	3	2	2	2	4	2	2
Language Resources: Data Sets and Knowledge Bases							
Text corpora	3	3	4	4.5	4	4.5	4.5
Speech corpora	4	2	4	4	4	3	3
Parallel corpora	2	4	2	2	2	3	3
Lexical resources	3.5	3	4.5	3	4	3	3
Grammars	1	4	5	2	2	2	2

8: State of language technology support for Portuguese

expenditure in this technology, like English, German or Dutch.

- Two large corpora were compiled for Portuguese, but one lacks representativeness, as it covers only one text type (newspaper), and the other is not fully available due to copyright restrictions;
- A de facto standard 1 million word tagged corpus is available together with the respective POS tagger and other processing tools at the morphological level. For less studied varieties of Portuguese, corpora have been compiled during the last years but they still need to receive more attention;
- Concerning speech technologies, a number of commercial systems exist for both European and Brazilian varieties (for speech recognition, speech synthesis and dialogue management); although Portuguese and Brazilian teams are active in the field, tools and annotated corpora are usually not available and reserved for internal use in the laboratories;
- Much more work needs to be dedicated to lexical resources of all types, including ontologies and the expansion of lexica and wordnets, currently with a very reduced size;
- Annotated corpora with lexical semantic information are missing, leading to the worrisome situation that no processing tools or research exist yet for word sense disambiguation in Portuguese;
- While many corpora have POS annotation and other types of morphological information, syntactically annotated corpora are smaller and more rare. Some parsers were developed but need to be deepened. It is necessary much more effort on the construction of treebanks and the development of parsing tools;

- The more linguistic and semantic knowledge a tool takes into account, the more gaps exist (e. g. information retrieval vs. text semantics): more efforts for supporting deep linguistic processing are thus needed, including the development of computational grammars for Portuguese;
- Tools addressing text and discourse processing are few and partial;
- The same applies to other high level processing tools and applications, like for example, summarisation or question answering systems, among many others;
- Parallel corpora for machine translation which include Portuguese are essentially the ones made available by EU initiatives and are consequently very limited in terms of text type (e. g. law texts).

These results of the evaluation of the current development status of language technology for Portuguese clearly indicate the urgent need to direct substantially more efforts both for the creation of language resources and for research and development of processing tools and applications.

There is an urgent need to direct more efforts both for the creation of language resources and for research and development of processing tools and applications for Portuguese.

The need for large amounts of data and the high complexity of language technology systems make it also urgent to develop research infrastructures for data sharing and cooperative research work.

4.7 CROSS-LANGUAGE COMPARISON

The current state of language technology support varies considerably from one language community to another. In order to compare the situation between languages, this section presents an evaluation based on two sample application areas (machine translation and speech processing) and one underlying technology (text analysis), as well as basic resources needed for building language technology applications. The languages were categorised using the following five point scale:

1. Excellent support
2. Good support
3. Moderate support
4. Fragmentary support
5. Weak or no support

LT support was measured according to the following criteria:

Machine Translation: Quality of existing MT technologies; number of language pairs covered; coverage of linguistic phenomena and domains; quality and size of parallel corpora; amount and variety of available MT applications.

Text Analysis: Quality and coverage of existing text analysis technologies (morphology, syntax, semantics); coverage of linguistic phenomena and domains; amount and variety of available applications; quality and size of annotated corpora; quality and coverage of lexical resources and grammars.

Speech Processing: Quality of existing speech recognition technologies; quality of speech synthesis technologies; coverage of domains; number and size of speech corpora; amount and variety of available speech based applications.

Resources: Quality and size of existing text corpora, speech corpora and parallel corpora; quality and coverage of existing lexical resources and grammars.

Figures 9 to 12 show that the Portuguese language ranks differently according to the research area. It compares well with languages like Spanish or Italian regarding tools and resources for speech. But in terms of Machine Translation, Text Analysis and Resources, Portuguese clearly do not yet reach the quality and coverage of comparable resources and tools for the English language (which is in the lead in almost all language technology areas) and also for other languages like Dutch or German, among others. And one has to take into consideration that there are still plenty of gaps in English language resources with regard to high quality applications.

For speech processing, current technologies perform well enough to be successfully integrated into a number of industrial applications such as spoken dialogue and dictation systems. Today's text analysis components and language resources already cover the linguistic phenomena of Portuguese to a certain extent and form part of many applications involving mostly shallow natural language processing, e. g. spelling correction and authoring support.

However, for building more sophisticated applications, such as machine translation, there is a clear need for resources and technologies that cover a wider range of linguistic aspects and enable a deep semantic analysis of the input text. By improving the quality and coverage of these basic resources and technologies, it will be possible to open up new opportunities for tackling a broader range of advanced application areas, including reliable machine translation.

4.8 CONCLUSIONS

The results of this white paper series show that there is a dramatic difference in language technology support between the various European languages. While there are good quality software and resources available for some languages and application areas, others have substantial gaps. Many languages lack basic technologies for text analysis and the essential resources. Others have basic tools and resources but the implementation of, for example, semantic methods is still far away. Therefore a large scale effort is needed to attain the ambitious goal of providing high quality language technology support for all European languages, with special focus on reliable machine translation.

In the case of Portuguese, language technology support has been steadily improving but it requires a strategic boost to reach a decisive level of sustained development. Noteworthy is the fact that a good network of research centers, both from Portugal and Brazil, which actively cooperate among themselves has, for the time being, the capacity to help to promote the advancement of language technology for Portuguese in the near future if funding will be properly secured.

Immediate action must therefore take place so that important progress for the Portuguese language can be attained and its position as an international language of communication with global projection can be secured.

There has been a lack of continuity in research and development funding. Short term coordinated programmes tend to alternate with periods of sparse or zero funding. In addition, a tighter coordination among programmes of different countries, including both European and non European ones, and among national programmes and programmes at the European Commission level would have an important leverage effect.

The findings of this book lead to the conclusion that the only way forward is to make a substantial effort to create language technology resources for Portuguese, as a means to drive forward research, innovation and development of tools and applications in language technology.

The need for large amounts of data and the extreme complexity of language technology systems also makes it vital to develop an infrastructure and a coherent research organisation to spur greater cooperation and sharing of results.

Excellent support	Good support	Moderate support	Fragmentary support	Weak/no support
	English	French	Catalan	Basque
		Spanish	Dutch	Bulgarian
			German	Croatian
			Hungarian	Czech
			Italian	Danish
			Polish	Estonian
			Romanian	Finnish
				Galician
				Greek
				Icelandic
				Irish
				Latvian
				Lithuanian
				Maltese
				Norwegian
				Portuguese
				Serbian
				Slovak
				Slovene
				Swedish

9: Machine translation: state of language technology support for 30 European languages

Excellent support	Good support	Moderate support	Fragmentary support	Weak/no support
	English	Dutch	Basque	Croatian
		French	Bulgarian	Estonian
		German	Catalan	Icelandic
		Italian	Czech	Irish
		Spanish	Danish	Latvian
			Finnish	Lithuanian
			Galician	Maltese
			Greek	Serbian
			Hungarian	
			Norwegian	
			Polish	
			Portuguese	
			Romanian	
			Slovak	
			Slovene	
			Swedish	

10: Text analysis: state of language technology support for 30 European languages

Excellent support	Good support	Moderate support	Fragmentary support	Weak/no support
	English	Czech Dutch Finnish French German Italian **Portuguese** Spanish	Basque Bulgarian Catalan Danish Estonian Galician Greek Hungarian Irish Norwegian Polish Serbian Slovak Slovene Swedish	Croatian Icelandic Latvian Lithuanian Maltese Romanian

11: Speech processing: state of language technology support for 30 European languages

Excellent support	Good support	Moderate support	Fragmentary support	Weak/no support
	English	Czech Dutch French German Hungarian Italian Polish Spanish Swedish	Basque Bulgarian Catalan Croatian Danish Estonian Finnish Galician Greek Norwegian **Portuguese** Romanian Serbian Slovak Slovene	Icelandic Irish Latvian Lithuanian Maltese

12: Speech and text resources: State of support for 30 European languages

ABOUT META-NET

META-NET is a Network of Excellence for scientific research partially funded by the European Commission. The network currently consists of 54 research centres in 33 European countries. It results from the clustering of four projects: CESAR, METANET4U, META-NORD and T4ME. The METANET4U project is coordinated by the Faculty of Sciences of the University of Lisbon.

META-NET forges **META**, the Multilingual Europe Technology Alliance, a growing community of language technology professionals and organisations in Europe. META-NET fosters the technological foundations for a truly multilingual European information society that:

- makes communication and cooperation possible across languages;
- grants all Europeans equal access to information and knowledge regardless of their language;
- builds upon and advances functionalities of networked information technology.

This Network of Excellence supports a Europe that unites as a single digital market and information space. It stimulates and promotes multilingual technologies for all European languages. These technologies support automatic translation, content production, information processing and knowledge management for a wide variety of subject domains and applications. They also enable intuitive language-based interfaces to technology ranging from household electronics, machinery and vehicles to computers and robots.

Launched on 1 February 2010, META-NET has already conducted various activities in its three lines of action META-VISION, META-SHARE and META-RESEARCH.

META-VISION fosters a dynamic and influential stakeholder community that unites around a shared vision and a common strategic research agenda (SRA). The main focus of this activity is to build a coherent and cohesive language technology community in Europe by bringing together representatives from highly fragmented and diverse groups of stakeholders. The present White Paper was prepared together with similar volumes for 29 other languages. The shared technology vision was developed in three sectorial Vision Groups. The META Technology Council was established in order to discuss and to prepare the SRA based on the vision in close interaction with the entire language technology community.

META-SHARE creates an open, distributed facility for exchanging and sharing resources. The peer-to-peer network of repositories will contain language data, tools and web services that are documented with high-quality metadata and organised in standardised categories. The resources can be readily accessed and uniformly searched. The available resources include free, open source materials as well as restricted, commercially available, fee-based items.

META-RESEARCH builds bridges to related technology fields. This activity seeks to leverage advances in other fields and to capitalise on innovative research that can benefit language technology. In particular, the action line focuses on conducting leading-edge research in machine translation, collecting data, preparing data sets and organising language resources for evaluation purposes; compiling inventories of tools and methods; and organising workshops and training events for members of the community.

REFERÊNCIAS REFERENCES

[1] Aljoscha Burchard, Markus Egg, Kathrin Eichler, Brigitte Krenn, Jörn Kreutel, Annette Leßmöllmann, Georg Rehm, Manfred Stede, Hans Uszkoreit, and Martin Volk. *Die Deutsche Sprache im Digitalen Zeitalter – The German Language in the Digital Age.* META-NET White Paper Series. Georg Rehm and Hans Uszkoreit (Series Editors). Springer, 2012.

[2] User language preferences online, analytical report. *Flash Eurobarometer 313*, 2011. Direção Geral para a Sociedade da Informação e Meios de Comunicação da Comissão Europeia (Directorate-General Information Society & Media of the European Commission). Internet, 25/01/2012 - http://ec.europa.eu/public_opinion/flash/fl_313_en.pdf.

[3] *Multilinguismo: uma mais-valia para a Europa e um compromisso comum (Multilingualism: an asset for Europe and a shared commitment)*, 2008. Comissão das Comunidades Europeias (Commission of the European Communities). Comissão Europeia (European Comission). Internet, 25/01/2012 - http://ec.europa.eu/languages/news/20080918-commission-communication-on-multilingualism_en.htm.

[4] *Intersectoral mid-term strategy on languages and multilingualism (Executive Board, Hundred and seventy-sixth session, 176 EX/INF.15).* Paris, 2007. UNESCO. Internet, 25/01/2012 - http://unesdoc.unesco.org/images/0015/001503/150335e.pdf.

[5] Adriane Rinsche and Nadia Portera-Zanotti. The size of the language industry in the EU, Studies on translation and multilinguism. Technical report, Comissão Europeia, Direção Geral da Tradução (European Commission, Directorate-General for Translation), Language Technology Centre, United Kingdom, 2009. Internet, 25/01/2012 - http://ec.europa.eu/dgs/translation/publications/studies.

[6] Dados Estatísticos - Falantes de Português. Observatório da Língua Portuguesa. Internet, 25/01/2012 - http://observatorio-lp.sapo.pt/pt/dados-estatisticos/falantes-de-portugues.

[7] M. Paul Lewis, editor. *Ethnologue: Languages of the World.* Sixteenth edition, 2009. Ethnologue. Internet, 25/01/2012 - http://www.ethnologue.com.

[8] Demography and Population: International Migration Database. Organização para a Cooperação e o Desenvolvimento Económico - OCDE (Organisation for Economic Co-operation and Development - OECD). Internet, 25/01/2012 - http://stats.oecd.org.

[9] Observatório da Emigração. Internet, 25/01/2012 - http://www.observatorioemigracao.secomunidades.pt.

[10] Comunidade Lusófona. Portugal em Linha. Internet, 25/01/2012 - http://www.portugal-linha.pt.

[11] Ernesto d'Andrade, Dulce Pereira, and Maria Antónia Mota, editors. *Crioulos de Base Portuguesa.* APL, Lisboa, 1999.

[12] Centro Virtual Camões. Instituto Camões. Internet, 25/01/2012 - http://cvc.instituto-camoes.pt/index.php.

[13] Luís Lindley Cintra. Nova proposta de classificação dos dialectos galego-portugueses. *Boletim de Filologia, 22*, pages 81–116, 1999.

[14] Esperança Cardeira. *O Essencial sobre a História do Português.* Editorial Caminho, Lisboa, 2006.

[15] António Branco, Francisco Costa, and Filipe Nunes. The Processing of Verbal Inflection Ambiguity: Characterization of the Problem Space. In *Actas do XXI Encontro Anual da Associação Portuguesa de Linguística*, pages 157–168, 2007.

[16] Paulo F. Pinto. *Novo Acordo Ortográfico da Língua Portuguesa.* INCM, Lisboa, 2009.

[17] Programas Gulbenkian - Língua Portuguesa. Fundação Calouste Gulbenkian. Internet, 25/01/2012 - http://www.gulbenkian.pt/section63artId103langId1.html.

[18] Projecto Gulbenkian - Diversidade Linguística na Escola Portuguesa. Fundação Calouste Gulbenkian. Internet, 25/01/2012 - http://www.gulbenkian.pt/section54artId483langId1.html.

[19] Censos 2001. Instituto Nacional de Estatística. Internet, 25/01/2012 - http://censos.ine.pt.

[20] Missão do Instituto Camões. Instituto Camões. Internet, 26/01/2012 - http://www.instituto-camoes.pt/informacao-institucional/quem-somos.

[21] Internet world users by language - Top 10 languages. Internet World Stats. Internet, 25/01/2012 - http://www.internetworldstats.com/stats7.htm.

[22] Most Used Languages on Twitter. Semiocast. Internet, 17/02/2012 - www.semiocast.com/downloads/Semiocast_Half_of_messages_on_Twitter_are_not_in_English_20100224.pdf.

[23] Top 20 countries with the highest number of internet users. Internet World Stats. Internet, 25/01/2012 - http://www.internetworldstats.com/top20.htm.

[24] Rudolph Muller. Internet in Brazil booms. Mybroadband. Internet, 25/01/2012 - http://mybroadband.co.za/news/internet/15031-Internet-access-Brazil-booms.html.

[25] Internet users in Europe. Internet World Stats. Internet, 25/01/2012 - http://www.internetworldstats.com/stats4.htm.

[26] Internet users in South America. Internet World Stats. Internet, 25/01/2012 - http://www.internetworldstats.com/stats15.htm.

[27] Pordata - Base de dados Portugal contemporâneo. Pordata. Internet, 25/01/2012 - http://www.pordata.pt.

[28] Legislação - Acessibilidade a cidadãos com necessidades especiais. UMIC - Agência para a Sociedade do Conhecimento, Ministério da Ciência, Tecnologia e Ensino Superior. Internet, 25/01/2012 - http://www.umic.pt/index.php?option=com_content&task=view&id=2777&Itemid=40.

[29] Daniel Jurafsky and James H. Martin. *Speech and Language Processing (2nd Edition)*. Prentice Hall, 2009.

[30] Christopher D. Manning and Hinrich Schütze. *Foundations of Statistical Natural Language Processing*. MIT Press, 1999.

[31] Language Technology World (LT World). Internet, 27/01/2012 - http://www.lt-world.org/.

[32] Ronald Cole, Joseph Mariani, Hans Uszkoreit, Giovanni Battista Varile, Annie Zaenen, and Antonio Zampolli, editors. *Survey of the State of the Art in Human Language Technology (Studies in Natural Language Processing)*. Cambridge University Press, 1998.

[33] Top 5 Search Engines, 2012. Internet, 17/02/2012 - http://gs.statcounter.com/#search_engine-ww-monthly-201111-201201.

[34] Dicionário Online. Porto Editora. Internet, 26/01/2012 - http://www.portoeditora.pt/alp/dol/dicionarios-online.

[35] Juan Carlos Perez. Google Rolls out Semantic Search Capabilities, 2009. PCWorld. Internet, 26/01/2012 - http://www.pcworld.com/businesscenter/article/161869/google_rolls_out_semantic_search_capabilities.html.

[36] MultiWordnet.PT. Internet, 26/01/2012 - http://mwnpt.di.fc.ul.pt.

[37] WordNet.PT. Internet, 26/01/2012 - http://www.clul.ul.pt/clg/eng/wordnetpt.

[38] AEIOU - Motor de Busca. Internet, 26/01/2012 - http://www.aeiou.pt.

[39] Sapo - Motor de Busca. Internet, 26/01/2012 - http://www.sapo.pt.

[40] Colossus - Directory of Search Engines. Internet, 26/01/2012 - http://www.searchenginecolossus.com/Portugal.html.

[41] Achei - Motor de Busca. Internet, 26/01/2012 - http://www.achei.com.br.

[42] Gigabusca - Motor de Busca. Internet, 26/01/2012 - http://www.gigabusca.com.br.

[43] Nelson Neto, Carlos Patrick, Aldebaro Klautau, and Isabel Trancoso. Free tools and resources for Brazilian Portuguese speech recognition. In *Journal of the Brazilian Computer Society, 17:1*, pages 53–68, 2011.

[44] Philipp Koehn, Alexandra Birch, and Ralf Steinberger. 462 Machine Translation Systems for Europe. In *Proceedings of MT Summit XII*, 2009.

[45] Kishore Papineni, Salim Roukos, Todd Ward, and Wei-Jing Zhu. BLEU: A Method for Automatic Evaluation of Machine Translation. In *Proceedings of the 40th Annual Meeting of ACL*, pages 311–318, Philadelphia, PA, 2002.

[46] XisQuê - Resposta a Perguntas na Web Portuguesa. Internet, 26/01/2012 - http://xisque.di.fc.ul.pt.

[47] LX-Center - Language Resources and Technology for Portuguese. Internet, 26/01/2012 - http://lxcenter.di.fc.ul.pt.

[48] Concordanciador CINTIL online (CINTIL online concordancer). Universidade de Lisboa. Internet, 26/01/2012 - http://cintil.ul.pt.

[49] Linguateca. Internet, 26/01/2012 - http://www.linguateca.pt.

[50] Simplificação Textual do Português para Inclusão e Acessibilidade Digital. PorSimples. Internet, 26/01/2012 - caravelas.icmc.usp.br/wiki/index.php/English.

[51] Kai-Uwe Carstensen, Christian Ebert, Cornelia Ebert, Susanne Jekat, Hagen Langer, and Ralf Klabunde, editors. *Computerlinguistik und Sprachtechnologie: Eine Einführung (Computational Linguistics and Language Technology: An Introduction)*. Spektrum Akademischer Verlag, 2009.

[52] Jerrold H. Zar. Candidate for a Pullet Surprise. *The Journal of Irreproducible Results*, page 13, 1994.

MEMBROS DA META-NET / META-NET MEMBERS

Alemanha	Germany	Language Technology Lab, DFKI: Hans Uszkoreit, Georg Rehm
		Human Language Technology and Pattern Recognition, RWTH Aachen University: Hermann Ney
		Dept. of Computational Linguistics, Saarland University: Manfred Pinkal
Áustria	Austria	Zentrum für Translationswissenschaft, Univ. Wien: Gerhard Budin
Bélgica	Belgium	Computational Linguistics and Psycholinguistics Research Centre, Univ. of Antwerp: Walter Daelemans
		Centre for Proc. Speech and Images, Univ. of Leuven: Dirk van Compernolle
Bulgária	Bulgaria	Institute for Bulgarian Language, Bulgarian Academy of Sciences: Svetla Koeva
Chipre	Cyprus	Language Centre, School of Humanities: Jack Burston
Croácia	Croatia	Institute of Linguistics, Faculty of Humanities and Social Science, Univ. of Zagreb: Marko Tadić
Dinamarca	Denmark	Centre for Language Technology, Univ. of Copenhagen: Bolette Sandford Pedersen, Bente Maegaard
Eslováquia	Slovakia	Ludovit Stur Institute of Linguistics, Slovak Academy of Sciences: Radovan Garabik
Eslovénia	Slovenia	Jozef Stefan Institute: Marko Grobelnik
Espanha	Spain	Barcelona Media: Toni Badia
		Institut Universitari de Lingüistica Aplicada, Univ. Pompeu Fabra: Núria Bel
		Aholab Signal Processing Laboratory, Univ. of the Basque Country: Inma Hernaez Rioja
		Center for Language and Speech Technologies and Applications, Technical Univ. of Catalonia: Asunción Moreno
		Dept. of Signal Processing and Communications, Univ. of Vigo: Carmen García Mateo
Estónia	Estonia	Institute of Computer Science, Univ. of Tartu: Tiit Roosmaa
Finlândia	Finland	Computational Cognitive Systems Research Group, Aalto Univ.: Timo Honkela
		Dept. of General Linguistics, Univ. of Helsinki: Kimmo Koskenniemi, Krister Linden

França	France	Centre National de la Recherche Scientifique, Laboratoire d'Informatique pour la Mécanique et les Sciences de l'Ingénieur: Joseph Mariani
		Evaluations and Language Resources Distribution Agency: Khalid Choukri
Grécia	Greece	Institute for Language and Speech Processing, R.C. "Athena": Stelios Piperidis
Holanda	Netherlands	Utrecht Institute of Linguistics, Utrecht Univ.: Jan Odijk
		Computational Linguistics, Univ. of Groningen: Gertjan van Noord
Hungria	Hungary	Research Inst. for Linguistics, Hungarian Academy of Sciences: Tamás Váradi
		Dept. of Telecommunications and Media Informatics, Budapest Univ. of Technology and Economics: Géza Németh, Gábor Olaszy
Irlanda	Ireland	School of Computing, Dublin City Univ.: Josef van Genabith
Islândia	Iceland	School of Humanities, Univ. of Iceland: Eirikur Rögnvaldsson
Itália	Italy	Consiglio Nazionale Ricerche, Istituto di Linguistica Computazionale "Antonio Zampolli": Nicoletta Calzolari
		Human Language Technology, Fondazione Bruno Kessler: Bernardo Magnini
Letónia	Latvia	Tilde: Andrejs Vasiljevs
		Inst. of Mathematics and Computer Science, Univ. of Latvia: Inguna Skadina
Lituânia	Lithuania	Institute of the Lithuanian Language: Jolanta Zabarskaitė
Luxemburgo	Luxembourg	Arax Ltd.: Vartkes Goetcherian
Malta	Malta	Dept. Intelligent Computer Systems, Univ. of Malta: Mike Rosner
Reino Unido	UK	Institute for Language, Cognition and Computation, Center for Speech Technology Research, Univ. of Edinburgh: Steve Renals
		Research Institute of Informatics and Language Processing, Univ. of Wolverhampton: Ruslan Mitkov
		School of Computer Science, Univ. of Manchester: Sophia Ananiandou
Noruega	Norway	Dept. of Linguistics, Univ. of Bergen: Koenraad De Smedt
		Dept. of Informatics, LT Group, Univ. of Oslo: Stephan Oepen
Polónia	Poland	Institute of Computer Science, Polish Academy of Sciences: Adam Przepiórkowski, Maciej Ogrodniczuk
		Univ. of Łódź: Barbara Lewandowska-Tomaszczyk, Piotr Pęzik
		Dept. of Computer Linguistics and Artificial Intelligence, Adam Mickiewicz Univ.: Zygmunt Vetulani
Portugal	Portugal	Univ. of Lisbon: António Branco, Amália Mendes
		Spoken Language Systems Laboratory, Institute for Systems Engineering and Computers: Isabel Trancoso

Rep. Checa	Czech Republic	Institute of Formal and Applied Linguistics, Charles Univ. in Prague: Jan Hajic
Roménia	Romania	Research Institute for Artificial Intelligence, Romanian Academy of Sciences: Dan Tufis
		Faculty of Computer Science, Univ. Alexandru Ioan Cuza: Dan Cristea
Sérvia	Serbia	Faculty of Math., Belgrade Univ.: Dusko Vitas, Cvetana Krstev, Ivan Obradovic
		Pupin Institute: Sanja Vranes
Suécia	Sweden	Dept. of Swedish Language, Univ. of Gothenburg: Lars Borin
Suiça	Switzerland	Idiap Research Institute: Hervé Bourlard

Cerca de 100 especialistas em Tecnologias da Linguagem – representantes dos países e das línguas incluídas na META-NET – discutiram e finalizaram os resultados e as mensagens-chave incluídos na Coleção Livros Brancos numa reunião META-NET, em Berlim, Alemanha, a 21/22 de outubro de 2011. – About 100 language technology experts – representatives of the countries and languages included in META-NET – discussed and finalised the key results and messages of the white paper series at a META-NET meeting in Berlin, Germany, on October 21/22, 2011.

A COLEÇÃO LIVRO BRANCO META-NET — THE META-NET WHITE PAPER SERIES

Alemão	German	Deutsch
Basco	Basque	euskara
Búlgaro	Bulgarian	български
Catalão	Catalan	català
Checo	Czech	čeština
Croata	Croatian	hrvatski
Dinamarquês	Danish	dansk
Eslovaco	Slovak	slovenčina
Esloveno	Slovene	slovenščina
Espanhol	Spanish	español
Estónio	Estonian	eesti
Finlandês	Finnish	suomi
Francês	French	français
Galego	Galician	galego
Grego	Greek	ελληνικά
Húngaro	Hungarian	magyar
Inglês	English	English
Irlandês	Irish	Gaeilge
Islandês	Icelandic	íslenska
Italiano	Italian	italiano
Letão	Latvian	latviešu valoda
Lituano	Lithuanian	lietuvių kalba
Maltês	Maltese	Malti
Neerlandês	Dutch	Nederlands
Norueguês Bokmål	Norwegian Bokmål	bokmål
Norueguês Nynorsk	Norwegian Nynorsk	nynorsk
Polaco	Polish	polski
Português	Portuguese	português
Romeno	Romanian	română
Sérvio	Serbian	српски
Sueco	Swedish	svenska

The manufacturer's authorised representative in the EU is Springer Nature Customer Service Centre GmbH, Europaplatz 3, 69115 Heidelberg, Germany. If you have any concerns regarding our products, please contact ProductSafety@springernature.com

Printed and bound by CPI Group (UK) Ltd, Croydon, CR0 4YY
01/10/2026
02225994-0001

Language Users
Society
META
Research Communities
Industries

Este livro contém uma excelente panorâmica da área das tecnologias da linguagem com ênfase no tratamento do português. Embora escrito em termos acessíveis ao grande público, os conceitos mais técnicos são descritos com o rigor adequado, como seria de esperar de um grupo de autores que inclui os investigadores desta área em Portugal com maior reconhecimento internacional. Um livro a ler por quem queira compreender a importância desta área.
– Prof. Doutor Miguel Filgueiras, Professor Catedrático aposentado (Universidade do Porto)

This book presents an overview of the language technology area with a focus on the Portuguese language. Although written for a non-technical audience, the presentation is sound, what comes as no surprise from a set of authors where the most internationally recognized researchers in this area in Portugal are to be found. This is a must-read book for anyone wishing to understand the importance of this area.
– Prof. Doutor Miguel Filgueiras, Emeritus Professor (University of Oporto)

O processamento das línguas faladas e escritas é uma área fundamental para as novas modalidades de interação natural homem-máquina. Este livro consegue, de uma forma acessível mas científica e rigorosa, apresentar o estado da arte do processamento do português na era digital, uma das línguas com mais rápida expansão e importância económico-tecnológica do mundo ocidental.
– Dra. Daniela Braga, International Program Manager (Microsoft, Redmond WA, EUA)

The processing of written and spoken languages is a crucial area for the new modalities of human-computer natural interaction. In an accessible yet scientific and rigorous way, this book presents the state of the art in the digital age of the computational processing of the Portuguese language, one of the languages with more rapid expansion and more economic-technological importance in the western world.
– Dra. Daniela Braga, International Program Manager (Microsoft, Redmond WA, USA)

É da maior importância a investigação realizada na área da tecnologia da linguagem para a consolidação do português como língua de comunicação global na sociedade da informação.
– Dr. Pedro Passos Coelho, Primeiro-Ministro de Portugal

The research carried out in the area of language technology is of utmost importance for the consolidation of Portuguese as a language of global communication in the information society.
– Dr. Pedro Passos Coelho, Prime Minister of Portugal

9 783642 295928
ISSN 2194-1416
ISBN 3642295924
9 783642 295928

www.meta-net.eu